전설의 벽

전설의 벽

지은이 _ 이은희

초판 발행 _ 2014년 4월 20일

펴낸곳 _ 수필미학사
펴낸이 _ 신중현

등록번호 _ 제25100-2013-000025호
등록일자 _ 2013. 9. 2.

대구광역시 달서구 문화회관11안길 22-1(장동) 출판산업단지 9B 7L
전화 _ (053) 554-3431, 3432 팩시밀리 _ (053) 554-3433
홈페이지 _ http://www.학이사.kr
이메일 _ hes3431@naver.com

저작권자 ⓒ 2014, 이은희
이 책의 저작권은 저자에게 있습니다. 저자와 출판사의 동의 없이
내용의 일부를 인용하거나 발췌하는 것을 금합니다.

값 10,000원
ISBN _ 979-11-85616-11-7 03810

전설의 벽

이은희 수필선

책을 펴내며

전설의 벽 너머 새로운 전설을

  오래된 것을 좋아한다. 세월의 더께에 낡은 빛이 드러난 예스러운 멋을 즐긴다. 그렇다고 새것을 싫어한다는 소리가 아니다. 어차피 시간이 흐르면 새것도 옛것이 되고 마는 법. 모든 만물은 돌고 돌아 뫼비우스의 띠처럼 원점으로 돌아온다. 전통과 현대, 역사와 시대의 시공간을 초월하여 모든 경계가 허물어지고 다양한 연결고리는 내 삶과 결합하게 된다.
  고궁에는 궁을 돋보이게 하는 석상들이 있다. 입구에 버티고 앉은 해태나 난간석 위 다양한 수호석과 지붕에는 잡상이 자리한다. 그냥 스치고 지나면 보잘것없는 석상들이지만, 물상을 자세히 톺아보면 섬세한 숨결과 오묘한 진리가 숨어있다. 그 시대의 문화를 아는 것도 중요하다. 그보다 세월의 더께가 앉은 물상에서 장인의 손길과 숨결을 느끼는 일이 소중하다. 나는 전통의 미와 결을 온몸으로 느끼고 싶어 자주 옛것을 찾아다닌다.

  선집《전설의 벽》1·2부 작품은 수필집《검댕이》《망새》《버선코》《생각이 돋다》에서 선정하였고, 3부는 제5집 수필집에 들어갈 신작이다.

오래된 것을 만나고 돌아와 점점 잊히는 것이 안타까워 가슴으로 담은 글이다. 시대의 격변 속에서도 흔들림 없이 자신의 길을 걸어간 장인의 흔적을 보게 된다. 유물과 유적은 낡아도 보존하면 남지만, 그것을 빚은 옛사람의 정신과 숨결은 노력하지 않으면 알 수도 느낄 수도 없다. 역사와 고문화를 공부하면, 어느 정도 알 순 있으리라. 하지만 내로라하는 문화재인 유적·유물을 말하려고 하는 것이 아니다. 그의 부속품 격인 작은 물상과 그들의 배경이 되거나 감싸고 있는 주위 풍경을 눈여겨보라고 말하고 싶다. 문화재를 고품격으로 끌어올린 소소한 물상들을 톺아보자는 의미이다.

도시에선 볼 수 없는 고택의 멋을 살린 지붕 끝 용머리에 망새와 이승을 떠난 사람을 위로하고자 무덤가에 동자석을 세운 선인의 지혜와 여유로움을 만나게 된다. 불국사 전각을 오르는 계단 측면에는 지붕 끝에 있을 법한 날렵한 버선코가 새겨져 있다. 천상천하 만물을 깨우는 아름다운 울림으로 맥놀이 기법을 탄생시킨 장인도 있다. 장인은 하늘로 갔지만, 그 숨결은 우리 곁에 영원히 존재한다. 그 대상을 알아보고 느낄 수 있다는 것은 참으로 행복한 일이다. 나의 감각과 체험, 정신과 육체가 만나 미래의 새로운 예술을 탄생시킨다. 결국, 나의 존재감이 드러나는 자리이기도 하다.

특히 무성한 풀들이 누렇게 말라버린 폐사지에서 번성했던 그 시대를 불러일으켜 상상하기를 좋아한다. 허허벌판에 서 있는 굳건한 당간지주를 보며 사람들은 '영원한 것은 없다'고 단정한다. 그러나 나는 당간에 매여 힘차게 펄럭이던 깃발을 그리며 '영원'하다고 믿는다. 손에 잡히는 물상은 사라지고 없지만 선인의 보이지 않는 정신과 숨결, 손길을 확인하고 있잖은가. 이윽고 나는 강화도 전등사 처마를 받치고 있는 나부상의 전설을 감히 부인하고, 전설의 벽 너머 나만의 새로운 전설을 쓴다.

제4부는 대표작인 〈검댕이〉와 다시 읽는 문제작으로 거론된 몇 작품을 싣는다. 등대처럼 한줄기 빛이 되고 싶어 무진 애를 쓰고 있다. 일상에서 지은 시시한 글이지만, 단 한 사람에게라도 힘이 되고 위안이 되길 원한다. 더불어 나는 소망한다. 세파에 꺾이지 않는 문사文士가 되기를.

내 마음에 드는 작품으로 뽑았는데 돌아보니 부끄러운 부분이 많다. 이 또한 문학의 숲으로 드는 수행修行 과정이라 여기고, 깊은 통찰력과 혜안을 지닌 작가로 거듭나고 싶다. 저의 선집으로 전통문화 계승까지는 아니어도 유·무형의 옛것을 톺아보는 기회를 가졌으면 하는 작은 바람이다. 더불어 옛것을 통하여 생각의 여백을 담아낼 영혼의 그릇을 준비하여 창조의 싹을 틔우길 고대해 본다.
　평소 고문화재에 관심이 많아 일부러 찾아가 보고 느낀 것을 작품으로 발표한 것이 여러 편이다. 그것을 모아 주제가 있는 수필집을 엮고 싶었는데, 그 꿈이 이루어진 것이다. 평소 저의 작품에 깊은 관심을 가지고 선집을 출간해 주신《수필미학》신재기 교수님께 각별한 감사를 드린다. 알게 모르게 스쳐간 모든 인연들이 고맙다.

2014년 사월

이 은 희

차 례

책을 펴내며 · 4

제1부 망새

망새 · 13 전설의 벽 · 18 동자석 · 24

궁 · 29 물고기, 날다 · 34 옛집 · 39

폐사지에 가다 · 43 난쟁이 탑 · 48 성곽 · 52

바람이 남긴 것 · 56 옹기 · 62

제2부 버선코

버선코 · 69 실죽 · 74 업 · 79

토우 · 85 괘릉 · 89 골목길 · 97

폐타이어 · 101 양푼예찬 · 106

교두각시 · 111 맥놀이 · 116

제3부 결

결 · 123　춤추는 처마 · 127

주령구 · 131　오름, 오름, 오름 · 135

불비상 · 140　라르고 · 145

제4부 검댕이

검댕이 · 153

로꾸거 로꾸거 · 160

생각이 돌다 · 166

작가론

한국혼의 부활과 전통미의 발견 ・ 권대근 · 172

연보 · 187

제1부

망새

망새

    함박웃음을 짓게 하는 도깨비다. 보고 있자니 웃음이 절로 난다. 참으로 익살스럽다. 그가 내게 농을 거는 듯 장난기가 얼굴에 가득하다. 툭 불거진 눈, 굵고 짙은 눈썹과 수염, 헤벌어진 입이 섬뜩하다. 그러나 가지런한 이빨과 웃음 띤 얼굴은 친근감을 안겨주기에 충분하다.
    나를 사로잡은 거구의 기왓장인 망새다. 한껏 멋을 살린 날짐승의 꼬리를 닮은 몸체. 한 사람이 들기엔 규모가 크다. 그래선지 코를 경계로 상하 두 쪽으로 분리되어 있다. 옆면의 가장자리가 새의 날개처럼 층이 진 깃털 모양이고, 뒷면은 상하 해와 달을 상징하는 둥근 구멍이 나 있다. 자세히 관찰하지 않으면 스치고 지나버릴 틈새, 그곳에 그의 얼굴이 새겨져 있다.

한 치의 여유 없이 앞만 보고 달려온 인생임을 눈치를 챘는가 보다. 무언의 미소는 긴장의 연속선상에 서 있는 나에게 이를 풀라는 암시인가. 망새는 본향을 떠나 박물관으로 자리를 옮겨서도 줄곧 나를 쳐다보고 있었으리라. 그런 그를 외면한 적이 어디 한두 번이었던가. 그가 나라면 서러워 눈물 바람을 일으키고 남았을 일이다.

망새는 단순과 편리를 추구하는 도시에선 찾아볼 수가 없다. 일부러 조선집이나 오래된 절집, 궁궐까지 발품을 팔아야 겨우 볼 수 있다. 궁궐이나 사원의 용마루, 전통 기와집 용마루 양 끝에 우뚝 선 암막새다. 그리고 여백에 도깨비, 귀면鬼面, 문자, 기호, 양반의 모습, 동물로 다양한 이미지를 그려 넣었다고 한다. 암호 같은 무늬들, 그 의미가 무엇인지 자못 궁금하다.

문득 초로의 목공이 떠오른다. 직장의 건물이 준공을 앞둔 무렵이었다. 미완의 건물 지붕 끝 모서리에 그가 잔뜩 웅크리고 앉아 있었다. 미동도 하지 않고 한 곳을 뚫어지게 주시하였다. 그는 한 마리 새의 형상과 다름없어 보였다. 아니, 막 비상하려는 불새 같았다. 떠오르는 태양 속으로 날아가는 듯한 착시였다.

그가 움찔한 것은 그 찰나였다. 순간 숨이 멎는 듯했다. 꽃잎처럼 낙화하는가 싶어 가슴이 출렁였다. 내뿜는 담배 연기가 특별해 보였다. 그에게서 남다른 고독이 느껴졌다. 미완의 건물에 대한 아쉬움을 누군가에게 토로하고 싶은 것일까. 공정은 널따란 철판 몇 개를 지붕에 덮어버리면 그만이었다. 밋밋한 상자 같은 건물에 예술성과 장인정신을 어찌 기대하랴. 망새가 없는 지붕에 그가 망새처럼 앉아 있었다. 그 모습은 오래 전 기와를 얹던 아버지의 손길과 겹쳐졌다.

 기와집은 내가 자란 곳이고 아버지의 숨결이 살아 있는 곳이다. 수개월에 걸쳐 손수 지으시던 그때의 진지한 표정을 잊을 수가 없다. 아버지는 흙과 주춧돌, 나무, 부자재를 고르는 데 무척 신중하였다. 그래서 마지막 공정인 지붕을 덮을 땐 더욱 더디게 느껴졌다. 기왓장을 한 장, 두 장 서둘지 않고 정성껏 올리는 모습은 아마도 목공의 모습과 비슷했으리라. 그러나 무엇이든 쉽게 얻으려 했던 나는 완성된 집을 빨리 보고 싶어 매일 공정을 물어보며 재촉했다.

 암수 기와로 가지런히 골을 내고, 양 끝에 막음 한 망새의 고운 선. 여름날 기왓골에서 떨어지던 낙숫물 소리며, 대롱대롱 매달려 반짝이던 수정고드름이 계절의 운치를 더했던 행복한 기억이 있다. 아버지는 평생에 한 번 지을 집을 지으신 것이다. 우리의 생활과 당신의 인생이 자연과 하나되어 조형미를 이룬 것을 이제야 비로소 깨닫는다. 개성 없이 세워진 현대식 양옥과 아파트에서 장인의 숨결을 어찌 기대할 수 있으랴.

고옥古屋의 수호신은 망새일 것만 같다. '망望'이란 '바란다'는 뜻이다. 그래서 '바래기', '망와'로도 불리는가. 목조건물이 많던 시절이라 잡귀와 화재를 물리친다는 주술적 신앙과 선조 염원의 표현이다. 우리네 선조는 인간 생명의 존엄과 미래까지 내다본 것이다.

그러나 내가 사는 도시는 건축의 멋도, 웅장함도, 해학도 없는 빌딩 숲이다. 자연과 벗삼은 조화로운 건물은 보이지 않는다. 비슷비슷한 건축물들뿐이다. 한 평의 정원은커녕 숨 쉴 곳조차 없는 대지 위에 거대한 빌딩과 아파트가 빼곡하다. 용적률을 빼먹느라 공간의 여유마저 앗아간 것은 아닐까. 마당 넓은 집을 꿈꾸며 지금도 난 아파트에 살고 있다.

아파트의 지붕에는 기와가 없으니 망새도 있을 리 없다. 망새의 대역은 누구일까. 혹여 꼭대기 옥상에 설치된 가느다란 피뢰침인가. 그건 아닐 것이다. 좀 더 넓은 시야와 여유를 가지고 삶을 누릴 줄 아는 우리들의 모습일 것 같다. 흔들리는 우리 아이들에게, 이웃에게 망새처럼 고아한 정신의 수호신이 되어야 하지 않을까.

도깨비는 신선한 충격이며 감동이었다. 기와는 지붕을 덮는 정도로만 알고 있었던 게 고작이었다. 한낱 지붕 덮개에 무슨 심오한 진리가 있겠나 싶었다. 별개로 절집과 고궁의 용머리기와의 무늬, 동물의 형상만이 내 기억 안에 존재했다. 망새는 부속물처럼 여겨져 안중에도 없었던 것이다.

여유를 갖고 다시금 관람하며 기와에 대한 내 기존의 관념은 와르르 무너지고 말았다. 직지의 본향인 흥덕사 터에서 출토된 거대한 망새와 맞닥뜨린 것이다. 틈새에 새겨진 도깨비를 발견하고야 선인의 지혜와 장인정신을 느꼈으니 과히 내 안목은 '수박 겉핥기' 식이 아니었던가.

상념에서 깨어보니 그가 없다. 지붕을 둘레둘레 살펴보아도 흔적조차 없다. 불새가 되어 태양 속으로 뛰어든 것일까. 새가 되어 날고 싶은 건 그가 아니었다. 찌든 일상을 벗어나 현실의 도피처로 삼고 싶었던 내 꿈의 허상일 뿐이었다. 그는 누군가의 망새가 되고자 소중한 일터로 돌아갔을 것이다.

도깨비를 보고 또 본다. 그가 더욱 살갑게 느껴진다. 잊고 지냈던 사랑의 수호신을 찾아준 장본인이다. 평생을 그 무엇도 요구할 줄 모르고 망새의 삶을 살다 가신 부모님. 갚을 수 없는 은혜에 마음이 무겁다. 그러나 옛사람의 고아한 정취를 풍기는 망새가 시들해져 있던 내 일상과 스치는 물상을 새롭게 한다.

드디어 그가 농을 건다. "인생, 별거야!" 전염된 듯 나의 웃음보가 터진다. 하하하.

《수필과 비평》 2006년 1·2월(제81호)
《수필과 비평》 2006년 3·4월(제82호) '다시 읽는 문제작 선정'
《제물포수필》 2006년 하반기(48호) '다시 읽는 수필과 평설'
2007년 제13회 제물포수필문학상 수상작

전설의 벽

스님,

인천과 강화도를 잇는 초지대교를 막 건넜습니다. 굽이굽이 끝없이 펼쳐진 길은 마음속에 그린 초라하고, 볼품없는 작디작은 섬은 정녕코 아니었습니다. 주위를 아무리 둘러봐도 강화도는 섬이라 하기엔 너무나 컸습니다. 이곳을 누가 유배지의 섬이라 했던가요.

강화도는 섬 자체의 순수함을 잃어가고 있었습니다. 타인의 손길을 곳곳에서 발견합니다. 놀이동산에서 보았을 으리으리한 성 같은 건물들이 불쑥불쑥 솟아 관광객을 맞이하고 있습니다. 거리마다 토산품을 꺼내 놓고 호객행위를 열심히 하는 섬 주민들. 상상 속의 섬은 삽시간에 무너지고 서울의 한 위성도시 같다는 느낌을 지울 수가 없습니다.

스님,

당신이 계신 곳이라 생각하며 조심스레 일주문을 넘습니다. 기우는 태양을 바라보며 절집에 발을 들여놓기는 처음입니다. 늘 무엇이 그리 바쁜지 해가 지기 전 서둘러 산사를 뒤로한 기억이 전부입니다. 당신과 함께 저녁공양을 받으며 유유자적 산사를 거니는 풍경을 그리워했습니다. 바람에 노니는 그윽한 풍경소리와 스님의 독경소리도 듣고 싶었습니다.

그러나 말뿐이었습니다. 가만히 앉아서 위로받기를 원했던가요. 내 안의 모든 것들이 삶에 찌들고, 생채기가 나고, 아파야만 당신 생각을 했습니다. 세상천지에 의지할 곳 없이 마음 둘 곳 없을 때, 미약한 중생임을 뼈저리게 느낄 때 당신을 찾았습니다. 진정 당신에게 온몸으로 달려가지 못함이 못내 부끄럽습니다.

당신과 약속한 시간이 속절없이 흐르고 있습니다. 늘 그립고 그리운 것들은 무심히 흘려보내고 뒤안길에서 후회합니다. 그것을 깨닫지 못하고 현실을 살아내는 일에만 종종거렸답니다. 모처럼 횡재수가 든 날입니다. 내게도 한유한 시간이 주어졌으니까요. 이렇게 여유를 갖고 산사를 거니는 것이 얼마 만인가요.

가을의 절정에 빠진 전등사 앞마당입니다. 몇백 년 묵은 은행나무가 터줏대감처럼 자리 잡고 있습니다. 어떠한 역사로 산사의 이름을 '전등사'라 붙였는지는 궁금하지 않습니다. 그저 나그네의 짧은 소견으론 은행나무가 큰 몫을 했으리라 생각됩니다. 노랗게 물든 은행잎들은 마치 사월 초파일에 연등을 켜놓은 듯 사찰 경내가 환했으니까요.

지인들이 대웅전 처마를 쳐다보며 도란거립니다. 시선을 따라가 보니 처마 밑에 무엇인가 웅크리고 앉은 하얀 조각물이 보입니다. 자세히 들여다보니 '아니, 이럴 수가!' 여인의 나체상입니다. 어찌 엄숙하고 신성한 신전에 여인의 나신을 조각해 넣을 수가 있습니까? 모두 놀라워 입이 차마 다물어지질 않는 듯합니다. 사이비 불자인 저도 신기해 하늘을 우러러 절집의 네 귀퉁이를 확인합니다. 나신은 네 귀퉁이의 추녀를 힘겹게 받들고 있었습니다.

도대체 어떤 형벌이기에 조명이 비치는 전시실도 아닌 절집의 추녀입니까?

법당을 지었던 도편수에겐 사랑하는 여인이 있었습니다. 그가 불사에만 전념하는 사이 다른 남자와 눈이 맞아 도망을 가버렸답니다. 그러자 도편수는 식음을 전폐하고 일을 하지 않다가 다시 마음을 고쳐먹고 법당을 짓기 시작합니다. 기둥 위에 여인의 나체상을 조각하여 그 수치심을 머리 위에 무거운 지붕을 얹어 고통을 줌으로써 자신을 배반한 여인에게 복수했다는 내용입니다.

전설이라 하기엔 좀 억지스럽습니다. 훈계성 일침을 놓기 위한 조각상이라니 마음이 내내 편하질 않았습니다. 구전으로만 전해지는 설화이니 둘의 사연을 어찌 알겠습니까? 자신의 애정행각을 공공연히 떠벌릴 바보스러운 자가 또 어디 있답니까? 아마도 말하기 좋아하는 자의 꾸며낸 이야기라 생각됩니다. 사연이야 어찌 되었든 시대적 통념상 여성의 나신 조각은 언감생심 꿈도 꾸지 못할 일입니다. 그 시절의 여성의 미에 관한 폐쇄적인 관습과 도덕적인 유교관이 문제가 되고도 남을 일입니다.

돌연 사랑의 희생자인 까미유끌로델이 떠오릅니다. 영화를 보기 전까지 많은 사람에게 그녀는 숨겨진 존재였을 겁니다. 그저 로댕은 '생각하는 사람'이란 유명한 조각을 탄생시킨 초상조각가로만 알고 있었습니다. 그들의 사생활을 운운하고 싶은 생각은 추호도 없습니다. 하지만 로댕의 심한 여성편력이나 책임 못 질 행위가 다재다능한 한 여성을 그의 굴레에서 벗어나지 못하게 했습니다. 그의 예술세계와 생애에 큰 영향을 끼친 여인, 까미유끌로델이 존재했다는 사실입니다.

로댕은 까미유의 작품에서 천재적인 재능을 발견합니다. 자신의 조각과 사유의 세계의 유사성을 느끼며 호감을 갖게 됩니다. 급기야 연인관계로 발전되며 욕망에 시달리는 여인상 여러 작품을 만들었습니다. 그중 '입맞춤'은 가장 뛰어난 감각의 작품이며, 걸작으로 평가되었습니다. 그러나 수많은 추문에 휘말리게 한 작품이기도 합니다. 까미유의 작품인지, 그의 작품인지 분간할 수 없는 작품과 무수한 낭설 또한 그녀를 무시할 수 없는 존재로 남게 했습니다.
 비정상적인 관계가 예고한 바대로 그들의 생애의 끝은 불행했습니다. 비통한 인연에 이해되지 않는 낯선 세계의 이야기입니다. 그러나 만일 로댕의 곁에 그녀가 없었다면 후대에 남을 역작도 기대하기 어려웠을 것입니다. 로댕에게 까미유는 그림자 같은 여인입니다. 예술의 경지에 오르기까지 정신적인 지주였던 까미유끌로델, 누구도 그녀를 빼놓고는 로댕을 말할 수 없다는 걸 부인할 수는 없을 것입니다.
 스님,
 그곳을 떠나온 지 한참입니다. 그런데 뇌리에는 아직도 여인의 조각상이 선명하게 그려집니다. 꼬리에 꼬리를 무는 이 물음은 또 무엇인가요? 왜 그녀에게 배신자라는 오명을 남기며, 비탄을 받아야 하는지 모르겠습니다. 분명 우리가 알지 못하는 석연치 않은 전설의 벽이 느껴집니다.
 한낱 전설은 전설일 뿐이란 것을 압니다. 하지만 남겨진 목각 나신이 말해주듯 시대를 초월한 무엇인가가 있을 것 같습니다. 도편수는 분명 떠나간 여인을 잊을 수 없었던 겁니다. 자신의 변하지 않는 애증의 증표로 여인을 목각에 새겨 남긴 것은 아닐까요. 아니면 도편수의 예술의 경지를 바라며 로댕의 연인인 까미유처럼 스스로 불사가 되길 원했던 여인이었는지도 모를 일입니다.
 차창 밖으로 눈의 조리개를 힘주어 사방을 둘러봅니다. 수

평선은커녕 출렁이는 바다의 그림자도 볼 수가 없습니다. 아쉽게도 조수간만의 차가 크다는 계절입니다. 노을빛을 닮은 꽃무리인 나문재가 거무죽죽한 갯벌을 물들입니다. 나문재도 목각의 여인처럼, 까미유처럼 온몸으로 차가운 갯벌을 감싸 안고 있었습니다. 아낌없이 자신의 모든 것을 나누는 그들이 부러웠습니다. 나도 누군가에게 사심 없이 온전히 나를 줄 수 있었으면 좋겠다는 생각을 해봅니다.

스님, 당신에게 오십 보 아니 백 보 이상 다가간 것을 느끼시는지요. 오늘처럼 삶의 한 부분을 비워두겠습니다. 다음번에 이곳에 서면 시대가 외면한 도편수의 예술성과 진실한 사랑이야기가 기다리고 있을 것만 같습니다.

《수필시대》 2006년 3·4월(제7호)
《한국비평문학회》 '2006년을 대표하는 문제 수필'
《수필과 비평》 2007년 5·6월(제89호)

동자석

일 미터 남짓한 석상이다. 음각으로 처리한 눈매와 뭉툭한 코, 미소 지은 입술의 곱상한 얼굴이다. 두 손을 가슴에 얹어놓은 모습이 누군가의 부름을 겸손히 기다리는 자세다. 하반신을 과감히 생략하고 얼굴을 부각한 그 자태는 꼭 순진한 아이의 형상이다. 아이가 무덤 곁에 있어 놀라울 뿐이다. 죽은 자의 영혼을 위로한다는 동자석이다.

제주도는 눈길 머무는 곳, 발길 닿는 곳마다 그리움이 넘친다. 그리움의 결정체가 쌓여 섬이 되었는지도 모를 일이다. 무엇이 그들을 움직여 구멍 숭숭 난 돌덩이에 그토록 절절하게 형상화한 것일까? 그렇지 않다면 고인의 무덤을 산자의 곁에 가까이 두며, 거기에 동자석까지 세운단 말인가. 육지에선 눈을 씻고 보아도 찾아볼 수 없는 석상이다.

거무튀튀한 산담이 보인다. 죽은 자가 머무는 집이자 울타리이다. 정성으로 돌을 쌓아 바람을 거둔 그곳에 고인이 누워 있다. 살아있을 때와 같이 죽은 사람이 묻힌 집인 무덤과 그 주위에 울타리를 쳐 놓았다. 돌 많은 고장이지만 산담을 쌓는 일은 만만찮은 고역이었으리라. 고인의 넋을 배려하는 산자의 정성과 예우가 작은 석상에도 깃들어 있다.

남새밭에 들어앉거나 중산간의 오름 등성이에서 마주치는 검은 돌담 두른 무덤은, 거센 바람이 부는 바닷가 둔덕에서도 쉽게 만날 수 있다. 섬사람들은 흙을 덮은 땅의 지형이라면 그 어느 곳에나 그리움을 묻었나 보다. 낯설게 느껴졌던 무덤이 평화롭고 편안한 풍경으로 내게 다가오는 이유는 무엇일까.

나는 겁이 많은 편이다. 혼자 묘지 근처를 가본 적이 없다. 무덤을 보며 대화를 나누는 장면도 내겐 어색하기 그지없다. 선산이 멀리 있어 명절 때만 두세 번 찾았으니, 으레 고인은 산 자와 멀리 떠나보내는 줄로만 알았다. 예전부터 죽은 자와 산 자의 경계구분을 내 마음속에서 하고 있었던 건 아닐까. 아니 누군가에 대한 절절한 그리움이 없어서인지도 모른다.

부모님은 선산에 자주 가셨다. 남은 터에 고구마와 고추를 경작하며 묘지를 손수 가꾸셨다. 얼굴도 모르는 선친에게 예를 다하는 부모님의 모습을 보며 효심을 알게 모르게 배웠다. 그러다 보니 자연스레 무덤과 가까이할 수 있는 계기가 되었다.

무엇보다 어머님을 선산에 모시고 무덤에 대한 나의 사고에 변화가 일었다. 손수 잡풀을 뽑고 잔디를 가꾼 그 자리에 어머니가 누워계신 것이다. 내 시선도 잔디를 가꾸는 마음도 예전과 달라졌다. 죽은 자에 대한 두려움도 어느 정도 사라졌다. 늘 내 곁에서 어머니가 보고 계신다고 생각하며 그리움을 달랬다. 넋 나간 사람처럼 무덤 주변을 맴돌며 주절거리기도 하였다. 어미 잃은 상처는 알게 모르게 나의 많은 부분을 변화시켜 놓았다.

얼마 전 동자석의 천의 표정을 한자리에서 볼 기회가 있었다. 수학여행으로 다녀온 적이 있는 목석원에서였다. 그날도 난 시큰둥하게 따라나섰다. 슬프게도 그것을 본 기억조차 없었으니. 원내에 있던 두 개의 무덤과 그 터를 지키는 지신인 많은 석상을 어째 보지 못했을까. 그것은 당연한 귀결이었다. 내 마음에서 밀어냈으니 그 주위의 사물이 보일 리 만무했다.
  육지에서 보지 못한 동자석이다. 아기자기한 표정과 생김새가 자못 눈길을 끌 수밖에 없었으리라. 동그랗게 뜬 두 눈에 날카로운 콧날과 살짝 미소 지은 입 모양의 석상, 다소곳이 감은 눈에 다부지게 다문 입술과 긴 코, 장난기 어린 눈에 금방이라도 호통을 칠 것 같은 입술과 외선으로 표현한 코···. 내 시야의 그것들은 이미 석상이 아니었다. 무덤의 뜰을 뛰어다니며 뒹구는 동자였다.

그러다 코만 달랑 있는 동자석 앞에서 그만 숨이 턱 막혔다. 어찌 얼굴에 눈도, 귀도, 입도 없는가. 괴이하게 코만 툭 불거져 보였다. 작가의 의도를 내심 이해해 보려고 했지만, 이내 나는 우울해졌다. 아무리 죽은 자를 지키는 석상이라지만 어찌 코 하나로 지켜낸단 말인가. 그 표정과 형상은 박영희가 말한 동자석과 흡사했다.

저 아이는 울음 울고 저 아이는 애꾸눈이다. / 저 아이는 성난 얼굴이고 저 아이는 가난에 찌들어 있다. / 스물셋에 보았던 화순 운주사의 아이가 저 얼굴을 하고 있었던가. / 눈도 없고 귀도 없고 문둥이처럼 코만 남았다. / 보지도 듣지도 말하지도 말 것이며 오직 망자와 더불어 함께하리라는 비장한 각오다. / 탐라에선 흔한 일이다. / 아비가 총에 죽자 아이가 무덤을 지키고 있다.

가혹한 일이다. 오로지 죽은 자의 시중을 들고자 보지도 듣지도 말하지도 말라 한다. 며느리 시집살이도 아니건만, 누가 동자석을 한낱 망자의 시중일 뿐이라 말하는가. 불현듯 불멸을 꿈꾼 진시황과 동자석이 겹쳐졌다. 전투 진용을 갖춘 진흙 병마 수백이 빚어낸 상상을 초월한 기괴한 모습이 떠올라서다. 내세까지 동자에게 망자를 위한 삶이길 바라는 부질없는 욕심을 후손에게 어떻게 피력할 것인지.

영혼은 삶과 죽음을 초월한 매개체다. 죽어서도 누군가를 섬겨야 한다면 서글픈 일이 아닌가. 그래 동자석을 고인의 영원한 벗이라 지칭하고 싶다. 죽은 자와 산 자의 영혼과 영혼을 잇는 가교. 이승에서의 힘겨운 고인의 생애가 안타까워 부디 내세에는 평화로운 영혼이길 바라는 마음을 석상에 담아 놓은 것이리라. 고인은 무덤 속에서도 외롭지 않고 우리를 내내 굽어보며 보살펴줄 것이다. 내가 어머니의 짧은 생애를 가슴 아파하며 그리워하듯, 어머니가 내 곁에 계시다고 믿는 것처럼 마음은 언제나 어디서나 소통되나 보다.

무덤은 영혼이 거하는 집이다. 그 영혼의 벗이 동자석이다. 봉긋한 무덤은 또 하나의 작은 오름이 되어 자연 일부분처럼 내게 다가온다. 수백 년 동안 죽은 자의 영혼을 달래주며 오롯이 서 있는 동자석. 바람 부는 용눈이오름 그 어느 즘에선 동자석이 노닐고 있다.

《한국수필》 2006년 11·12월(제144호)
《수필과 비평》 2007년 5·6월(제89호) '신작수필, 이은희의 수필세계'

궁宮

아주 특별한 절집이다. 화려하게 채색된 장승이 극락보존을 지키고 서 있다. 푸른 수염과 관모를 쓴 것을 보니 남상이다. 그런데 허리춤에 품고 있는 것이 무엇인가. 아기 모습의 부처님이다. 여상도 아닌 남상에 아기집이라니, 참으로 괴이한 일이다. 고개를 갸우뚱거리며 뒤꼍으로 향한다.

아까 그놈은 그래도 양반이다. 뒤꼍의 장승을 보고 몹시 놀란다. 남상의 두 눈은 놀란 토끼처럼 돌출되고, 하마 같은 입은 무에 그리 좋은지 헤벌어져 있다. 치맛단 사이로 비집고 나온 건 커다란 물건의 귀두. 순간 헉 숨이 막힌다.

자인사에서 본 장승의 모습이다. 절집에 웬 장승인가? 입구에선 그저 떠돌던 걸 주워다 놓은 걸로 추측하였다. 이어 부처님을 모신 극락보존의 대들보에 기대어 서 있는 장승을 보고 놀라움을 금치 못했다. 해괴한 형상이 불경스럽게 느껴졌다. 내가 지금까지 보아온 장승은 지역 간의 경계표시나 이정표, 마을의 수호신 격인 장승이었다. 도대체 무엇을 의미하는지 혼란스러웠다.

어느 절집과는 많이 달랐다. 만삭인 임부처럼 펑퍼지게 앉아 웃음을 자아내는 미륵보살이다. 여인들에게 보란 듯 커다란 물건을 내놓은 능청스런 장승하며, 두 손으로 부른 배를 껴안은 형상의 장승은 임부의 모습이 아닌가. 거기에 믿거나 말거나 한 전설까지 보태었다. 궁예가 왕건에게 패하고 돌아와 마음놓고 크게 울었다는 절집이었다. 왕궁을 빼앗기고 갈 곳 잃은 궁예가 자인사에서 모든 시름 내려놓고 아이처럼 울었다니, 마치 편안한 어머니의 품속같이 느껴졌던 모양이다. 살인을 범하고 돌아온 탕아도 자비로 달래주니 과히 어머니의 마음이 아닌가. 환경은 많이 다르지만, 처지가 비슷했던 역사 속의 한 사람이 불현듯 스쳐간다.

우리는 앞날이 깜깜할 때 하늘이 노랗다는 말을 종종 쓴다. 늦가을 비가 내린 후에, 덕수궁의 정경이 그의 마음을 대변해주는 듯했다. 대한문을 지나 중화문까지 거친 길 위엔 은행잎이 떨어져 노랗다 못해 샛노랬다. 일제의 무력에 사랑하는 아내를 잃은 것도 억울한데, 그들의 강압으로 순종에게 제위를 전위하고 돌아선 고종의 마음이 이러했으리라. 그즈음 대부분 왕궁이 화재로 소실되어 고종이 거처할 궁이 없었다. 부랴

부랴 찾은 곳이 월산대군가의 행궁인 지금의 덕수궁이다.

약소국의 설움이다. 국가라는 이름은 존재하나 힘이 없었고, 궁궐은 있으나 그의 의지대로 머물지 못했다. 궁 밖 사가로 거처를 옮겨야 했던 비운의 황제인 고종. 궁궐과 비슷한 크기로 물색했다지만 그의 삶이 절절히 녹아든 궁궐과 어찌 비교하랴. 분노와 설움을 숨죽여야 했던 그의 처지가 되어 보아야 알 수 있는 일. 그의 비애를 온전히 헤아릴 순 없으리라. 그러나 아주 조금은 느낄 수 있을 것 같다. 나도 얼마간 셋방살이를 하였고, 곁눈질로 그 설움을 보았기 때문이다.

다세대 주택에 꾸린 신접살이, 살림은 군더더기 없이 깔밋했다. 입식 부엌과 달랑 방 한 칸. 가구를 들여놓고 둘이 누우니 빈틈이 없었다. 주인집이 눈치만 주지 않는다면 내겐 그만한 궁전이 따로 없었다. 사랑하는 사람과 함께라면 방의 칸수가 무에 큰 대수이랴. 맞벌이이기에 부부싸움을 할 시간도 없었다. 무엇보다 각방을 쓸 공간이 없으니 싸움을 할 처지도 못되었다.

그러나 그녀와 한 주택에 살며 셋방살이의 설움을 알게 되었다. 옆집 애들은 잠자리에 들 시간만 되면 전쟁이었다. 그녀는 아이들을 억지로 재우는 듯했다. 잠자리에 들기 싫다고 칭얼거리는 것 같기도 하고, 간간이 큰소리와 뒤섞여 회초리를 대는 모양인지 아이의 울음소리도 간간이 들리곤 했다. 하루 이틀의 일도 아니다 보니 주인집에선 그 집을 그냥 보아

넘기지 않았다.

집도 집 나름이고 궁도 궁 나름이리라. 그녀의 궁이라면 안 거하겠지. 나처럼 미숙한 머리로 고군분투하며 세상일을 깨우칠 필요도 없을 것이다. 때론 세상일이 힘겨워 더 좋은 곳에 태어나지 못한 것에 불평불만도 만무하겠지. 그러나 살아선 다시 돌아갈 수 없는 세계가 아닌가. 나를 키우고 이 세상에 존재하게 한 광대한 우주, 어머니의 자궁이다.

그곳을 천국이라 말하면 과언이런가. 억만금을 준다 해도, 임금이 기거하는 아흔아홉 칸 넘는 대궐을 준다 해도 바꾸지 않으리라. 아니 생명의 근거지와 미완의 궁과 어찌 비교하랴. 그 궁에선 흉한 것은 보지도 말하지도 않는다. 미움과 시기와 술수도 없는 세상이다. 무엇보다 그 누구에게도 간섭받지 않아 좋으리라.

이제 그 궁을 빠져나왔으니 모두 다 불필요한 말, 말, 말일 뿐. 내가 선택한 제2의 인생의 거점인 단칸 셋방. 그래도 아직은 그녀처럼 구슬픈 넋두리는 해본 적 없으니 누구보다 행복한 처지가 아닌가. 옆집 아주머니가 아이들에게 늘어놓던 한숨 섞인 목소리가 들리는 듯하다. "어미 배 속에 있으면 차라리 설움을 당하지나 않지… ."

장승은 큰 우주를 품고 있다. 삼라만상을 헤아리시는 부처님을 품고 있고, 그 모습 그대로라면 장승은 모체가 아닌가.

내가 최초에 머물었던 궁이기도 하다. 그래서 그런지 자인사의 마주치는 풍경마다 모체의 자궁과 연결된다. 명성산이 자인사를 품고 있어 영험한지, 절집을 떡 버티고 서 있던 장승의 기운 때문인지. 아이를 점지받지 못한 여인들의 발길이 끊이지 않는다는 도량이다. 나도 그들의 염원을 한마음으로 축원해본다.

가끔 나의 초가삼간도 궁처럼 느껴질 때가 있다. 모든 것은 마음먹기 나름이다. 궁예와 고종의 속울음에서 무언의 의미를 얻는다. 그 어떤 생애도 빈손으로 와 빈손으로 돌아가는 이승의 삶. 태초의 나를 기억하며 오늘을 열심히 살아가야 한다. 힘겨운 하루를 정직하게 살아낸 귀갓길은 그 어느 때보다 행복하다. 사랑하는 나의 분신이 기다리는 곳으로, 내일의 꿈을 위한 충전지인 나의 궁궐로. 나는 지금 입궐 채비를 서두르는 중이다.

《수필세계》 2007년 봄호(제12호)
《수필과 비평》 2007년 5·6월(제89호) '신작수필, 이은희의 수필세계'

물고기, 날다

　물고기가 날기만을 고대했다. 온 마음을 다하여 신호를 보내지만 도통 답이 없다. 모빌인 양 시체놀이 하는 듯 꼼짝 않는 작은 쇠붙이 좋이다. 내가 원하는 울림을 누리려면 천장에 매달린 물고기가 날아야만 한다. 가끔 불던 바람도 들지 않는다. 급한 성미는 창으로 달려가 성난 콰지모도처럼 풍경을 마구 흔들어댄다. 정녕 이 소리는 아니다.
　밤낮, 창문을 열어둔 채로 녀석이 울리기만을 기다렸다. 노상 그곳으로 시선이 갔다. 자리를 떠나서도 두 귀만은 쫑긋 열어두었다. 하지만 덕장의 물고기처럼 그 어떤 움직임도 나에게 보여주지 않는다. 아무래도 녀석이 바람을 기다리듯 내게도 은근과 끈기를 요구하는가 보다.
　달밤에 고즈넉한 침묵을 깨뜨리며 깊고 은은하게 퍼지는

풍경소리. 녀석의 청아한 울림이 좋아 데려온 것이다. 그 투명한 울림은 마치 그의 본향인 산사로 날 인도하는 것 같다. 찌든 일상에서 멀어져 홀로 되어 고요하고 아늑한 순간을 맞이한다. 나를 반추하는 시간이다. 비로소 메마른 심상에 시심이 찾아들고, 급물살의 물꼬를 트지 못하던 마음결도 민무늬를 그리며 고요해진다.

어떤 이는 풍경을 문지기로 사용한단다. 손님의 출입 여부의 기물쯤으로 전락할까 봐, 난 애초부터 '산사의 청아한 울림'을 강조하였다. 또 물고기가 노니는 곳이라면 물속이지 않던가. 그래서 풍경을 화재예방으로 걸어두는 이도 있단다. 그 어떤 의미든 나랑 상관없다. 그저 청아한 풍경소리를 기대하며 한눈에 들어오는 거실 창에 매단 것이다.

얼마 전 법주사에서 비슷한 녀석을 만났다. 덩치 큰 목어木魚였다. 여느 산사든 부처님을 모신 곳이라면 존재하는가 보다. 여의주를 문 아가미는 용의 머리 형상이나 몸통에 달린 지느러미와 꼬리는 물고기의 형상이다. 나무를 깎은 큰 잉어 모양에 속을 비워 배 부분 안쪽의 양 벽을 나무 막대기로 두드려 소리 나게 하는 불사佛事 중 하나라는데. 아쉽게도 그때를 맞추지 못하여 한 번도 목어의 소릴 들어본 적 없다.

그런데 왜 하필 물고기의 형상인가? 본디 불가에선 비린 것을 좋아하지 않는 걸로 알고 있다. 처마에 매달린 풍경의 추에 달린 모형도, 거대한 목어도 물고기의 형상이 아닌가. 몸빛 또한 총천연색이다. 산사의 단청과 흡사하거나 쌍계사 목어처럼 화려한 빛깔도 있다. 그래서 더욱 목어가 한눈에 들어온다. 누구처럼 단박에 튀고 싶어서인가. 그 연유를 물어보고 찾아보니, 믿거나 말거나 한 재미난 설이 전해진다.

산사에 배우라는 도道는 멀리하고 스승의 가르침을 외면한 채 망나니짓을 일삼던 유독 튀는 제자가 있었다. 그가 몹쓸 병에 걸려 죽어 다음 생에 업보로 물고기로 태어난 것이다. 그러나 등에는 커다란 나무가 솟아 헤엄치기 어려울뿐더러 바람이 불어 물결이 칠 때면, 그 나무가 흔들려 말로 다 할 수 없는 고통에 시달렸다.

그를 보다 못한 스승은 수륙제水陸濟를 베풀어 물고기의 몸에서 구제해 준다. 제자는 참다운 발심으로 바르게 정진할 것을 다짐하며, 자신의 등에 난 나무를 베어 물고기의 형상을 만들어 막대로 쳐주기를 청한다. 그게 바로 '목어'이다. 밤낮으로 눈을 감지 않고 움직이는 물고기처럼 수행자로 하여금 잠을 멀리하고 수도하라는 것, 목어는 늘 깨어 있으라는 의미가 있었다.

불교 의식에서 빈번하게 사용되는 '목탁' 또한 목어에서 유래한 것이라 한다. 가만히 살펴보면 '목탁' 역시 목어의 형상이다. 다만, 크고 긴 모습이 아닌 짧고 둥근 형태로 손잡이를 만들어 사용되었을 뿐이다. 물고기의 사실적인 모습과는 많은 차이가 있다. 그러나 목탁을 두드려 어둡고 혼미한 정신상태의 영혼을 구도하는 데 그 의미가 같지 않은가.

내가 흔들어 대던 풍경 또한 '목어'와 '목탁'이 내포한 의미와 다르지 않다. 나는 보기 좋고 듣기 좋은 장식쯤으로 풍경을 걸어두었다. 상점에 걸린 풍경과 무엇이 다르랴. 물고기의 형상에는 '깨우침'이란 깊은 진리를 품고 있었다. 그저 물고기가 비상하여 은은한 소리가 울려 퍼지길 바랐던 나. 그 의미를 멀리한 내 좁아진 소견을 탓하다. 정녕 어떤 대상에서든 호기심과 의문을 되묻는 아이의 마음으로 다가갈 일이다. 좀 더 진리의 눈이 깊어지길 바랄 뿐이다.

아이들이 커갈수록, 자기만의 공간을 요구하며 간섭받길 원하지 않는 것 같다. 이게 바로 세대차이인가. 돌아보니 직장에서도 마찬가지이다. 임원이 되고 보니 직원들이 예전처럼 허물없이 말을 터놓지 않는 분위기다. 보이지 않는 벽이 쌓아지는 느낌을 버릴 수가 없다. 혹여 바쁘다는 핑계로 내 위주의 삶을 살진 않았는지 돌아볼 일이다. 먹은 나이만큼, 직급만큼 신경을 써야 하는가 보다. 스스럼없이 다가가기 위한 두 배의 노력이 필요할 성싶다.

풍경이 울리든 울리지 않든, 그곳에 달린 것만으로 진정제 역할을 톡톡히 해낸다. 마주하면 무시로 들끓던 가슴을 진정시켜준다. 서로 의견이 맞지 않아 고민할 때도, 직장에서 풀리지 않는 과제를 끌어안고 고심하며 서성일 때도 풍경은 무심히 바라봐 주었다.

가끔 바람이 노닐자 풍경소리가 울린다. 그러면 방문을 닫고 제 일에 열중하던 아이들이 방문을 열고 나온다. 말없이 먼 산을 바라보던 시어머니도 소리가 좋다고 말문을 여신다. 우리 집에서 풍경소리는 단절된 벽을 통과해 닫힌 마음을 여는 소통의 도구인 셈이다.

더는 물고기가 날기만을 고대하진 않는다. 바람을 기다리지도 않는다. 내 마음에 풍경을 달았기 때문이다. 녀석이 유영하는 곳이 내 마음속, 깊으면 깊을수록 삶의 물결도 요동이 크지 않는 법이라 했던가. 삿된 생각이 들새라 마음의 경종을 울린다. '늘·깨·어·있·으·라·고, 댕, 댕, 댕…….'

《수필세계》 2007년 겨울(15호)
《브레이크뉴스》 전북 토요수필 2009년 3월 7일

옛집

봄비가 추적추적 내리는 날 그리운 것을 만나러 성북동을 찾았답니다. 우산이 있어도 빗물이 옷깃을 적십니다. 그 불편함은 곧이어 반전되었지요. 평소에는 사람이 끊이지 않던 옛집이 한가합니다. 덕분에 툇마루에 앉아 처마 끝에서 떨어지는 낙숫물 소리를 들으며 추억에 젖었지요. 아마도 집주인도 이 자리에 앉아 돌확에 고이는 빗물을 하염없이 바라보았을 것 같아요. 그분과 함께 호흡한다고 생각하니 왠지 모를 서글픔이 들더군요.

대문을 열자마자 눈앞에 펼쳐지는 풍경에 사로잡혔답니다. 모란이 활짝 핀 마당에 처마 끝에서 떨어지는 빗물이 돌확에 고이는 모습은 그리움을 폭풍처럼 몰고 왔어요. 너나없이 기와집을 허물고 비둘기집처럼 똑같은 집에서 살고 있습니다.

지금은 도시에서 사라진 그립고 그리운 옛 풍경을 어디서 볼 수 있을까요. 나처럼 그리운 것을 찾아 곳곳을 헤매야만 볼 수 있을 겁니다.

여전히 마당이 있는 집을 그리워합니다. 최순우 옛집 앞마당엔 마침 모란이 활짝 피어 탐스러웠어요. 거기에 봄비가 내려 돌확의 기능을 두 눈으로 확인하는 순간이었죠. 마루에는 그가 남긴 책들과 앨범, 함지박이 있었고, 무엇보다 문살을 통하여 바라다본 뒷마당의 정원은 비에 젖어 싱그러웠습니다. 담벼락을 덮은 푸른 담쟁이덩굴과 모과나무에 작디작은 꽃이 피었답니다.

무엇보다 기와지붕 끝 날렵한 추녀선이 아름답습니다. 그 너머로 현대식 건물이 보입니다. 고전과 현대 건축물의 만남, 어울리지는 않지만 어쩌겠습니까. 누구나 발전을 꾀한다는 명목으로 전통문화의 파괴는 정당한 이유가 될 수 없을 겁니다. 우리의 것을 오롯이 지킨 혜곡 선생님의 정성에 감탄할 뿐입니다. 그는 떠났지만, 그의 딸이 기거하다 유지를 받들어 이어오다 2002년 한국 내셔널트러스와 시민의 노력으로 옛집을 보전하고 있다고 합니다.

뒷마당으로 자리를 옮깁니다. 비가 내리는 마당에는 징검다리 돌이 가지런합니다. 그 돌을 밟으니 신발에 물이 들어가지 않아 좋았어요. 역시 선생님의 섬세한 손길이 곳곳에 남아 있습니다. 뒤꼍은 한마디로 편히 쉴 수 있는 공간, 여유를 즐길 줄 아는 혜곡 선생님의 마음을 엿봅니다. 마당 오른편에는 차를 마실 수 있는 돌 탁자와 의자가 있고, 구석진 곳에는 예전 어머니가 비손하던 장독대가 있어 정겹습니다.

뒷마당 문살을 통하여 바라본 앞마당 풍경은 황홀할 지경입니다. 비에 젖은 모란꽃이 환하게 빛났죠. 덮개 문을 열어젖힌 문살은 앞뒤가 소통하여 마음마저 시원해집니다. 닫힘이 아니라 열린 공간을 만든 최순우 선생님은 우주의 마음을 간직하신 분 같습니다.

아마도 예전 같으면 돌담 대신 꽃나무 울타리를 쳤겠지요. 나의 유년시절을 지냈던 기와집 울타리는 개나리와 미루나무 몇 그루가 전부랍니다. 비 내리는 날이면 그 틈새로 개구리들이 마당을 마구 뛰어다녔죠. 그러면 동생들은 개구리를 잡으려고 비 맞는 줄도 모르고 뛰어다녔답니다. 그 모습을 본 어머니는 옷이 비에 젖는다며 호통을 치십니다. 그러면 우리는 아쉬운 얼굴로 그 놀이를 끝내야 했지요. 빗물을 고무통에 받아두었다가 손빨래를 하던 추억도 떠오르네요. 어디 그뿐입니까? 여름이면 대청마루에 누워 책을 읽던 기억이 떠오릅니다. 마루 공중에 걸린 그네에 어린 동생을 태우고 밀어주고, 그러다 동생이 울기라도 하면 등에 업어 돌보던 시절이 있었죠. 나이가 들어도 잊을 수 없는 그립고 그리운 풍경입니다.

최순우 옛집의 풍경은 어느 것 하나 낯설지가 않습니다. 고인이 되신 혜곡 선생님은 아름다운 문장가며, 우리의 것을 손수 알리고 한국의 미를 승화시킨 장본인이십니다. 이제 옛집이 시민의 손에 있으니 잘 보전할 의무가 있습니다. 그곳에서 차마 떨어지지 않는 발길을 돌리며 마음으로 비손합니다. 아름다운 옛집이 길이 보전되기를.

《중부매일》에세이뜨락 2011년 8월 5일

폐사지에 가다

그대여, 폐사지廢寺址를 육안肉眼으로 본다면 그다지 흥미로운 일은 아닐 겁니다. 절은 사라지고 터만 남은 곳입니다. 고풍스러운 사찰의 분위기도 그윽한 풍경소리도 기대하지 마세요. 인적도 드물어 제 모습을 찾아볼 수 없는 쓸쓸한 곳이니까요. 생명의 힘을 찾아볼 수 없는 절터에서 난 무엇을 얻고자 이토록 험난한 눈길을 마다치 않고 달려왔는지 모르겠습니다.

혹여 혼자가 아닌 가족을 동행했다면, 실망 어린 눈길과 말투를 고스란히 감당해야만 할 겁니다. 만약에 시간을 투자한 대가를 얻기 위해 지체한다면, 아이들은 무료하여 놀거리를 찾을 것이고, 그곳이 운동장인 듯 공을 차자고 생떼를 부릴지도 모를 일입니다. 참으로 폐사지 만복사지는 주민의 건강을 위한 축구장 같은 첫 느낌을 버릴 수가 없습니다.

절터에서 굳이 생물을 찾아내라면 나의 시선은 분주해지겠죠. 그러다 석당간지주에 뿌리내린 거무죽죽한 이끼와 석축을 반쯤 감싸고 있는 누런빛의 잔디에 꽂히겠지요. 영악한 나는 그것을 지목하며 세월의 증거이고 흔적이라고 추정할 겁니다. 그러나 지금은 정월, 이끼와 잔디도 동면기에 든 듯 누렇게 시들어 몸을 바짝 뉘고 있습니다.

그렇습니다. 이 자리에 발자국을 남긴 수많은 중생과 사물은 어디에 있나요? 정녕 폐사지는 '시간 앞에서 풍화하지 않는 것은 없다.'라는 진리를 알리는 공간인 듯싶습니다. 마치 알곡을 모두 퍼주고 바람마저 찾지 않는 텅 빈 들처럼 내게 다가왔지요. 아니 자식에게 한평생 지성을 다한 후, 늙고 병이 들어 쇠락한 부모님처럼 느껴져 눈자위가 뜨거워집니다. 자식들은 문명의 도시로 훨훨 날아가고, 부모는 흔적 없이 사라질 그날을 기다리며 큰집에 홀로 남아 자리를 지키는 적요한 들판처럼 말입니다.

그대여, 이곳은 내 마음에 그리던 폐사지의 풍경이 아닙니다. 악천후의 눈길을 뚫고 온 나의 바람을 아쉽게도 저버립니다. 만복사지는 주위의 물체와 물 위에 기름처럼 떠도는 느낌이라고 할까요. 절터 주위는 상업에 물든 플래카드와 간판들, 살림집마저 주인의 개성대로 여러 빛깔로 지붕을 뽐내고 있습니다. 과거와 현재가 극명하게 드러난 공간에서 아니 먹고 살기 바쁜 현실에서 잔디를 가꾸고, 철책을 친 폐사지가 존재하는 것만도 다행인가요?

오래된 풍경과의 대화는 진즉 어긋난 모양입니다. 내가 그리던 풍경은 지극히 원시적입니다. 옛것 그대로의 형상을 보고 싶습니다. 나만의 욕심인가요. 사람의 발길이 뜸하면 뜸한 대로, 잡풀이 무성하면 무성한 대로 두어야 합니다. 보존과 보물과 국보로 지정한다는 이름으로 범인의 손을 타고 작은 돌멩이를 치우고, 그 주위의 환경이 마구 허물어지는 게 안타까울 뿐입니다.

여기 이 자리에 선 이상 이리 돌아설 순 없지요. 그 흔적을 따라 걷고 걷다가 지존이 앉았을 법한 석좌를 어루만지며 시공간을 초월한 대화를 시도해 봅니다. 그러나 좀 억지스러운 발상인 줄 아는 나는 내게 씁쓸한 코웃음을 보내지요. 최소한의 양심은 나와 인연이 된 물상과 이 땅에서 스러져간 이들에게 만복을 기원합니다. 그리곤 자신을 위로하고자 부식되어 가는 돌덩이 앞에서 아련한 옛 풍경을 그리며 작은 렌즈에 담아봅니다.

순간 흔적 없이 사라졌던 물체가 과거로 되돌아간 듯 일제히 일어섭니다. 뒤뜰에는 스님들이 빨아 널은 승복이 마치 잿빛 비둘기 무리가 크게 날갯짓을 하며 날아오르는 모습처럼 보입니다. 떨어져 나간 한 층의 석탑도 오층 석탑으로 복원되고, 사라졌던 부처님이 연꽃석좌에 앉아 미소를 짓고, 그 모습을 하염없이 바라보는 내 모습도 보입니다.

절집의 입구쯤에선 옷자락 사위는 소리가 가까이 들려옵니다. 수백 명의 스님이 가가문전 구걸을 마치고 일사불란하게 돌아오는 시간이지요. 그들의 등짐에는 중생들의 소원과 베풂의 미학을 담은 바랑뿐이 아닌 사위는 노을도 몰고 오나 봅니다. 사락거리는 소리도 경쾌하지만, 거뭇거뭇해진 주위를 불 밝히듯 번지는 붉은 노을은 보지 않아도 절경일 겁니다.

그 풍경을 보고 있노라니, 메말랐던 나의 눈에서 뜨거운 눈물이 흐릅니다. 눈자위가 촉촉해져 세상은 맑게 보이고, 딱딱해져 있던 가슴도 느슨하게 풀어져 여유란 공간이 생겼지요. 세상과의 부대낌도, 자신과의 싸움도 휴전이 필요한 시기였나 봅니다. 삶에 찌든 나를 곁에서 보다 못한 동반자가 등을 떠밀어 이곳에 있게 했으니까요. 나에게 폐사지는 나를 있는 그대로 성찰할 수 있는 공간입니다. 시간의 흐름에 어떠한 물상도 생명도 순환한다, 존재하는 모든 것은 공기, 바람, 물, 흙으로 돌아간다는 사실을 폐사지에서 뼛속 깊이 깨닫고 돌아갑니다.

그대여, 당신도 나처럼 어지러운 세상에서 갈등을 밥 먹듯 한다면, 잠시 일손을 놓고 여유를 부려보세요. 텅 빈 공간의 폐사지는 절대 고독은 아니어도 고독의 절정으로 안내할 것입니다. 마주치는 사람 없이 혼자 생각에 잠기기 딱 좋은 곳. 무엇을 듣고 배우고 알려는 강박관념에서 벗어나, 그저 지나가는 바람인 양 슬며시 오가면 됩니다. 그대여, 아직은 절대 고독에 들기엔 스산한 계절입니다. 부디 고뿔 조심하소서.

《중부매일》 에세이뜨락 2008년 12월 5일

난쟁이 탑

드디어 내소사 꽃 문살 앞이다. 나무 질감이 그대로 살아있어 바라보는 시선에 부담이 없다. 그 자연스러움에 반하여 나처럼 멀리서도 꽃 문살을 보러 오는가 보다.

어긋난 두 살이 만나는 곳마다 꽃들이 만발이다. 수백 년을 살고도 지지 않는 꽃이다. 그런데 문살 아래 종이에 "꽃 문살을 만지지 마세요."라고 적혀 있다. 사람들의 손길에 꽃이 닳아 없어질까 염려한 문구다. 하지만 문살에 핀 꽃도 세존을 모시며 바라밀을 수행하느라 이울 수 없으리라.

문살의 이면을 보고 싶은 마음에 법당 안으로 향한다. 등 뒤로 느껴지는 세존의 자애로운 시선에 동하여 공손히 절을 올린다. 어미의 심정으로 매양 자식의 안녕을 바라는 주문을 왼다.

문살의 뒷면을 찬찬히 훑고 법당을 나오다가 문득 벽안당을 에워싼 작은 돌담에 시선이 머문다. 내 허리춤보다 낮은 돌담 위에 자잘한 돌탑들이 오종종하게 쌓여 있다. 아니 탑이라 부르기엔 거창하다. 기초를 다지는 진행 중인 탑이라 할까. 난쟁이 탑은 검지로 슬쩍 건들거나, 된바람이라도 불면 와르르 허물어질 것 같다. 대웅보전과 벽안당을 경계로 삼은 돌담만으로 제격인데, 굳이 노면이 아닌 돌담 위 좁은 면적에 탑을 위태롭게 쌓다니 모를 일이다.

이미 꽃 문살의 탐구는 뒷전이었다. 저 담을 '돌담으로 보아야 하나, 아니면 돌탑으로 보아야 하나?' 그런 생각을 하며 담 주위를 한참이나 서성였다.

주위를 둘러본다. 대웅보전 앞 너른 마당에는 돌멩이는커녕 작은 돌 부스러기도 보이지 않는다. 이른 아침 사미승이 비질을 끝낸 정갈한 마당이다. 고른 비질 자국과 중생들이 남기고 간 희미한 발자국뿐이다. 탑 쌓기를 누가 어떤 연유로 시작했는지 알 수는 없지만, 어쨌든 그의 손길에 이어 방문객의 손으로 지금의 돌탑의 모습을 지니게 되었으리라.

스님들이 묵언 수행을 한다는 무설당 낮은 돌담 위에도 탑처럼 돌들이 쌓여 있다. 담 위에 정성스레 올려진 크고 작은 돌. 저 돌들은 그저 크기와 모양과 속성이 다른 돌이 아님을 안다. 돌이 올려질 그 순간은 짧지만, 돌을 찾아 손안에 쥐고 그 돌을 담 위에 올리며, 당신의 맘속에 있는 절절한 기원을 거기에 담았으리라. 사람마다 기원의 속내는 다르지만, 요즘 갑자기 어려워진 물정에 현대인들의 지친 마음을 어루만지며 마음의 안식처인 공간으로 돌담은 적당했으리라.

난쟁이 돌탑은 탑이라 부르기엔 볼품이 없다. 다보탑이나 석가탑처럼 수려하지도 그렇다고 웅장하지도 않다. 역사도 작자도 알 리 없다. 그러나 꾸밈이 없고 수수하여 자꾸 마음과 눈길이 쏠린다. 누군가 산길을 걷다 뭇사람이 돌부리에 걸려 넘어질까 염려스러워 길가에 하나씩 던져 놓은 것이 돌탑이다. 탑에 관심 있는 이가 정성스레 크고 작은 돌을 균형과 조화를 이뤄 쌓은 돌탑도 있다.

이내 내 마음을 잡는 건 대부분 볼품없는 소박한 돌탑이다. 무너지면 무너진 대로, 미완성의 돌탑도 주변 풍경과 잘 어우러져 예스러움과 정겨움이 묻어난다. 지나는 이들이 그곳을 그냥 스치지 않고, 돌탑에서 잠시 숨 고르기를 한다. 그리곤 자신도 거기에 돌 하나를 얹으며 맘에 두었던 기도를 되뇌며 그 자리를 홀연히 떠나간다.

난쟁이 탑들은 큰 돌, 돌멩이, 자갈, 자잘한 돌들로 켜켜이 서로 몸을 비비며 의지한다. 거기에 각양각색의 사람들이 올린 수많은 염원을 담고 있다. 순간 신기神氣가 느껴져 온몸에 전율이 인다. 내 가족의 안녕만을 위하여 기도하던 소인의 마음이 부끄럽다. 그들의 염원이 이루어지든 않든 순정한 간구의 상징인 돌탑이다. 그 탑을 쌓아 올린 주인공들은 아마도 무량 자비 수행자일 것이다. 어차피 사람은 누구나 한번 태어나 땅보탬 하는 생生, 저기 돌담 위 돌탑처럼 하나로 뒤엉켜 한마음이 되면 좋으련만. 그러면 아웅다웅할 일도 나쁜 마음이 차고들 공간도 없으리라.

  누구든 꽃 문살을 보면 일구월심日久月深 같은 바람일 게다. 빛바랜 꽃이지만 영원히 지지 않을 꽃이길. 난쟁이 탑 또한 비바람이 훼사를 놓는다 해도 수많은 사람이 쌓은 무량 공덕이니 허물어질 리 없다. 마음 길 열어 통하니 세상사 무엇이 걱정이랴.

《e-수필》 2009년 봄호

성곽

 드디어 성벽이 보인다. 산길을 힘겹게 오르다 거대한 성벽 부근에서 한숨을 돌린다. 나무 계단을 오르면 쉼터가 있기 때문이다. 땀을 식히며 마시는 차 한 잔은 꿀맛이다. 산행을 끝내고 청주 시가지를 내려다보며 편안히 쉴 수 있는 곳, 상당산성이다.
 산행이 아닌 자동차로 굽은 산길을 돌아 산상에 오르기도 한다. 칠순이 훨씬 넘은 아버지와 산성 산책을 즐기길 여러 해, 한 시간 반 정도 성 둘레를 도는 동안 어떤 깊은 생각은 없다. 계절마다 펼쳐지는 경치를 즐기며 뱀 꼬리처럼 늘어진 길을 돌고 돌다 마을에 닿는다. 그리고 청국장 잘하는 집에 들러 점심을 먹는 일로 일정을 마친다.
 산성을 산책코스쯤으로 알고 있던 나에게 무지無知의 성城

을 깨트리는 기회가 왔다. 지난가을 박물관 연구 과정으로 한국 성곽의 이해와 충북의 성곽을 세계문화유산 등재 운동의 경과를 듣는 순간, 온몸에 전율이 일었다. 성곽을 세계문화유산으로 올린다는 말도 생소했지만, 내 고장 성곽을 등재하고자 애쓰는 사람도 낯설게 느껴졌다. 그런데 다년간 기획하였던 중부내륙 옛 산성을 국내외에 알리려는 사업이 예산삭감으로 일시 중단된 상태라니, 성에 관한 문외한인 나도 발 벗고 나서고 싶은 마음이 불같이 일었다.

전국에 크고 작은 성터가 2,400여 개에 달한다. 그중에 산성이 90%가 넘는다니 얼마나 많은가. 성곽은 오랜 역사적 경험으로 더 완전한 형태로, 방어능력을 키우는 방향으로 변화, 발전하였을 것이다. 성에 관한 전략과 전술적 가치는 일찍이 외세침략을 통하여 알고도 남음이 있다. 성의 축조 방법도 시대별로 많이 달랐고, 무엇보다 자연 지형 그대로 살리는 방향으로 성을 쌓은 지혜가 돋보였다.

산성을 수차례 거닐었지만, 성벽을 보고자 한참을 서성이는 일도, 낡은 성문을 넘나드는 일도 처음인가 보다. 성벽에 낀 거무죽죽한 이끼는 오랜 세월을 말하고, 쌓은 돌들은 귀퉁이가 궁굴린 듯 자연스럽다. 무엇보다 틈새를 작은 돌로 채우거나 정으로 귀퉁이의 홈을 내 연결한 것이 독특하다. 삼천 명이 삼 년 동안 쌓았다는 삼년산성도 특이하다. 구들장처럼 납작한 돌을 한 층은 가로 쌓기, 한 층은 세로 쌓기로 켜켜이 쌓아 틈새에 잡석을 채웠다. 석성 중 대표적인 산성으로 원형 그대로 보존될 수 있었던 건, 과학성과 실용성을 겸비한 선인의 남다른 축성 기술 덕분이란다.

성城에 관심이 있는 사람이라면, 구전이나 고서로 전설이나 민속을 들었으리라. 권율 장군이 행주산성에서 왜군을 대파했다는 통쾌한 이야기나, 한 작가의 소설로 더욱 유명세를 치르는 남한산성의 숨은 이야기가 그렇다. 지난해 보았던 공산성 곰 나루터에 얽힌 애틋한 전설은 또 어떠한가. 산성이 우리 곁에 존재하는 한 신화는 영원히 이어지리라 본다.

내 고장에 현존하는 성곽은 240여 개소에 달한다. 하지만 내 발로 다녀온 산성은 손꼽을 정도다. 상당·삼년·충주·덕주산성 등이 역사적 가치와 보존 상태가 높다고 한다. 그런데 멀리 있는 읍성과 산성은 관광지로, 주변의 산성은 유원지나 쉼터 정도로 여긴다. 성을 쌓다가 힘겨운 노역을 감당할 수 없어 말없이 죽어간 선인들, 온 힘을 다해 성을 지켜낸 선열 정신과 숨결은 온데간데없다. 후인은 성의 역사와 남아있는 유적에 관하여 깊게 알려고 하지 않는다. 그나마 다행이던가. 자신의 블로그에 산성을 다녀왔다는 흔적으로 사진과 간단한 내력을, 주변의 먹을거리와 구경거리를 찾아 올린다. 산성이고 문화유적으로서 역사적 유적지가 아닌 유원지로 변해가는 모습에 안타까울 따름이다.

무엇보다 성곽 복원이 문제일 듯싶다. 역사적 사료史料를 찾아 기존대로 어렵다면, 비슷하게라도 보수되었으면 하는 아쉬움이다. 흙길은 비가 오면 질퍽대며 미끄럽다고 허연 시멘트로 도배하였고, 산의 지형을 고려한 크고 작은 자연석으로 쌓았던 성벽을 규격품의 돌로 쌓았다. 시대가 변하여 성의 역할이 다르다 해도, 성벽을 땜질한 듯 한눈에 드러나도록 쌓는 건 전통문화의 얼을 잇는 후인의 모습은 아닐 것이다.

나 또한 무지의 성에 갇혀 눈에 보이는 풍경만 탐하였으니 말을 해 무엇하랴. 먼 훗날 우리가 남긴 문화와 산물도 문화재로 남으리라. 허물어진 성곽도 선인들이 남긴 발자취이며 숨결이 살아있는 곳, 사료 연구와 보존이 시급하다.

얼마 전 나의 바람이 전해졌는가 보다. 중부내륙 옛 산성군 7개소가 유네스코 세계유산 잠정목록에 등재되었다는 기쁜 소식이다. 수원 화성처럼 세계문화유산으로 등재되는 그날까지 마음을 다하여 홍보할 일이다.

《중부매일》에세이드락 2010년 2월 5일
《수필시대》문화산책 2010년 3·4월호

바람이 남긴 것

모든 소멸하는 것에는 향기가 있다. 그것이 하늘과 땅 아니 어느 곳에 머물든, 어떤 연유로 스러지는지 알 수 없다. 분명한 것은 온갖 고통을 감내하며 그만의 독특한 향을 내며 사라져간다는 것이다. 내 주위에서 수많은 물상이 생성되고 소멸할 때 그 감각을 알아차린 게 얼마인가. 나 또한 훗날 자연의 일부분으로 소멸할 것을 알기에, 바람처럼 스러져 간 향을 불러본다.

풀 향

매미가 자지러지게 울어대고, 소낙비가 간간이 훑고 가던 한여름. 밖으로 뛰쳐나가 눈으로 확인하지 않아도, 요란한 기계음이 아니어도 알 수 있다. 사무실 책상에 앉아 바람결에 실려 온 싱그러운 향을 온몸으로 느낀다. 풀 깎는 기계가 요란스레 스치면 잔디가 쓰러지며 토해내는 향내, 짙은 잔디 향이다. 이어 그림처럼 그려지는 풍경이 있다. 유년시절 동네 이발소 아저씨가 머슴애의 머리를 시원스레 허연 길을 내놓듯, 잔디밭에 푸른 길이 나는 모습이 절로 그려진다.

　잔디 향은 분명히 잡초와는 다른 향내다. 잔디는 풀물을 여기저기 튕기며 맥없이 쓰러져 칠팔월 태양 볕에 바짝 말라가리라. 물오른 푸른 잔디 사이로 마른 잔디가 희끗희끗 거릴 것이나, 그것도 잠시 흔적 없이 모습을 감출 게 뻔하다. 참으로 짧은 생이다. 여름 한 계절도 제대로 나지 못하고 바람처럼 스치는 게 잔디의 운명이다.

흙내

　시골 길을 덮은 흙먼지는 눈에 보이지 않을 정도로 미세하다. 하지만 그들이 뭉치면 그 위력은 크고 대단하다. 트럭이라도 스쳐 지나면, 먼지바람과 함께 자신의 실체를 드러낸다. 순식간에 대기를 뿌옇게 장악하다 서서히 사라진다.

　흙먼지는 떠돌이, 아니 겁 없는 부랑자인가 보다. 그는 도로 제자리에 가라앉거나 주위 여건 가리지 않고 자신의 보금자리로 취해버리니 배짱이 두둑하다. 흙길을 거닐던 인간의 눈과 코, 입을 막게 하나 무방비 상태인 머리칼과 옷, 구두에 묻어 예상치 않은 여행을 떠나기도 한다.

돌연 먹구름이 하늘을 도배하고 돌개바람이 휘몰아치면, 메마른 흙길에 소나기가 '후두두' 훑고 간다. 마른 흙길은 순식간에 따발총을 맞은 듯 어두운 빛깔로 변하고 곱살 맞게 숨죽인다. 덩달아 따라오는 땅김과 훈훈한 향은 콩밭 매고 돌아오던 어머니의 옷에서 나던 특유의 비릿한 흙내. 아니 저수지에서 갓 잡은 붕어를 갖은 양념하여 폭 쪄낸 붕어찜을 먹고자 뚜껑을 열었을 때, 코끝에 '훅' 하고 퍼지는 비릿한 흙내, 바로 그 독특한 향이다. 이제 흙먼지 뭉게구름처럼 피어오르는 길도 어머니도 볼 수 없으니, 그 향을 어디서 찾으랴. 그리워지면, 붕어찜 잘하는 집으로 달려가야 할 듯싶다.

낙엽 향

마른 낙엽이 소복이 쌓인 오솔길을 걷는다. 소슬바람이 분다. 나뭇가지에서 낙엽들이 너울거리며 여기저기로 흩어진다. 나도 덩달아 환호하며 마른 잎을 따라 출렁인다. 손에 넣지 못한 낙엽은 아쉽게도 골짝 물 위로 사뿐히 내려앉는다.

그러다 순간 코끝에 감도는 건, 녹차 맛보다 진한 달곰쌉쌀한 향기. 낙엽이 스러지면서 마지막으로 뿜어내는 향이다. 내 발치에 쌓인 낙엽은 대부분 참나무 잎들이다. 엷은 갈색 빛깔로 물기가 바삭 마른 잎들은 안으로 배배 오그라져 있다. 살짝 밟기만 해도 바스락대며 부서진다.

조금 전 바람 따라 흐르던 낙엽을 손안에 넣고자 호들갑 떨던 내가 아닌가. 바스락거리는 낙엽 소리를 듣고자 함부로 잎들을 짓밟던 욕구는 사라지고 겸허해진다.

고통을 선물하다

나이 드신 분들은 입버릇처럼 고통 없이 이승을 떠나고 싶다고 말한다. 정토마을에서 고통스러워하는 말기 암 환자를 보며 나도 그런 생각을 한 적이 있다. 몹쓸 짓을 많이 한 사람일수록 이승을 떠나기 어렵고, 간호하는 사람도 그 곁에 머무르지 못할 정도의 악취가 난다고 들었다. 도통 이해가 되지 않는 소리라고 고개만 갸우뚱거렸다.

얼마 전 내 생각을 뒤엎는 이야기를 들은 것이다. 지인이 바람처럼 흘린 말이 내 가슴을 찌르고 달아났다. 어느 기자가 소록도에서 오랜 의사 생활을 마친 그에게 나병 환자분들에게 해주고 싶은 말이 있느냐고 물었다. 의사는 그들에게 '고통'을 선물하고 싶다고 하였다. 나는 이 이야기를 들었을 때 그 의미를 깨닫지 못했다. 그저 부족한 시설이나 의약품 정도를 떠올렸으니 알 리가 있으랴.

그는 왜 하필 하고많은 선물 중 고통을 주고 싶었던 것일까? 문득 한하운의 시詩 구절이 떠오른다. 아마도 그래서였으리라.

간밤에 얼어서
손가락 한 마디
머리를 긁다가 땅 위에 떨어진다.
　　　-〈손가락 한 마디〉중에서

신을 벗으면
버드나무 밑에서 지까다비를 벗으면
발가락이 또 한 개 없다.
　　　-〈전라도 길〉중에서

　나병은 손가락 발가락 마디가 끊어지는 감각을 모른다. 통증이 없으니 마음의 고통은 배로 크리라. 인간은 누구나 정신과 육체의 병을 앓거나, 노병으로 죽어간다. 그런데 사람들은 병증이 크든 작든 고통을 참다못해 '죽고 싶다'는 말을 함부로 한다. 자신도 모르는 사이에 손가락 한 마디가 떨어져 나갔다는 시를 만나면, 그 말은 입속에서 맴돌고 말리라.
　고통 없는 병이 제일 무서운 것 같다. 그리 보면 고통은 살아있음의 증거가 아닌가. 대자연이 수시로 그 이치를 가르치는데, 나만 우이독경牛耳讀經이었다. 이제야 조금은 알 것도 같다. 살아 숨 쉬는 모든 물상은 고통과 더불어 생의 한순간을 지나 바람처럼 죽음에 다다르는 것을.
　"잘난 청춘도 못난 청춘도 / 스쳐 가는 바람 앞에 머물지 못하며…… 우리네 인생도 / 바람과 구름과 다를 바 없는 것을." 이라고 경허선사가 말했던가. 바람처럼 흘러가는 게 인생이란다. 나도 훗날 바람처럼 떠날 즈음, 어떤 향기를 남길지 자못 궁금하다. 나날이 소멸로 가는 중이니, 참으로 잘 살아야겠다는 생각뿐이다.

계간 《에세이포레》 2010년 봄호
《중부매일》 에세이뜨락 2010년 11월 26일

옹기

 형체는 영락없는 항아리다. 표면이 우둘투둘 거칠고 탁하며 거무스름하다. 길쭉하니 물을 길어 나르는 동이와 비슷하지만, 허리춤에 툭 불거져 나온 구멍이 생소하다. 뻐끔거리는 가물치의 주둥이와 흡사하다고 할까. 아니 숫처녀의 젖가슴을 연상시키는 얄궂은 녀석의 용도는 무엇인가. 아뿔싸, 내 시선을 잡은 옹기가 똥장군이란다. 몸체에 난 구멍을 짚으로 막아 술이나 물, 똥이나 오줌의 운반수단인 장군옹기였다.
 옹기 전시회의 물상은 내 선입견을 뒤엎었다. '고작 장 항아리 정도 진열되어 있을 거야. 김장철과 맞물려 옹기장이가 바람을 타려는 군.' 하며 지레짐작한 건 오산이었다. 약탕관, 술병, 떡을 찌는 시루, 장군 등. 아무튼, 고놈의 팔자가 늘어졌다. 먼지 풀풀 날리는 도롯가나 뒤뜰의 장독대가 주무대가 아니었던가. 옹기가 무대 위의 주인공처럼 찬란한 불빛 아래 제 모습을 드러낸 것이다. 감감했던 옹기가 세인의 시선을 받다니…. 세상은 돌고 도나 보다. 나는 어느새 옛 시절로 되돌아간 듯 자못 가슴이 울렁거렸다.

친정어머니는 장독대를 신성시했다. 식구들이 잠든 고요한 밤에 장독 위에 정화수를 떠다가 놓고 두 손을 모으고 무언가를 빌었다. 크고 작은 옹기를 향하여 머리를 수없이 조아리던 어머니를 자주 목격할 수 있었다. 그뿐이 아니었다. 틈나는 대로 독을 정성스럽게 닦았다. 아버지 독상에 오르던 자반은 보물처럼 그 안에 숨겨져 있었다. 숨바꼭질하다가 큰독 뒤에 행여 몸을 숨기노라면 어머니에게 된통 꾸지람을 들었다. 그곳은 아무나 다가갈 수 없는 신비스러운 장소였다.

그러나 나에게 장독은 골칫거리가 된 적이 있다. 결혼하여 시댁에서 부모님과 함께 살다가 아파트로 이사할 때의 일이다. 넓은 공간이 없는 아파트에 항아리를 모두 옮기기란 불가능했다. 꼭 필요한 항아리만 선별하여 옮겼다. 시어머니는 멀쩡한 옹기를 버려두고 왔다고 못내 아쉬워했다. 하지만 묵은 살림은 버리고 새로 장만한 살림으로 바꾸고 싶은 게 나의 솔직한 심정이었다.

젊은 새댁은 화려한 꽃무늬가 그려진 사기그릇을 좋아했다. 질그릇은 색감도 어둡고 무거워 화려한 것을 쫓는 내 눈에 들어오지 않았다. 주부경력 15년, 나이에 비례하여 취향도 변하는지. 유행에 민감한 사기그릇이 싫증이 나기 시작했다. 자연스레 그릇을 쉽게 다루게 되었다. 하나둘 이빨이 빠져 버리다 보니 짝이 맞지 않는 것들은 내 시야에서 차차 멀어져 찬장 구석으로 밀려났다. 그 자리에 질그릇이 대신 채워졌다.

그중 내가 아끼는 옹기는 모양새와 빛깔이 그다지 볼품이 없다. 얇디얇은 뚜껑엔 약간의 흠마저 있다. 그러나 며느리인 내게 가보를 선정하라면, 두말없이 손때 묻은 항아리를 추천함에 주저하지 않는다. 백 년을 족히 넘을성 싶은 유품이기 때문이다.

시어머니는 외동딸이었다. 결혼하여 노모를 모시고 갈 수 없는 형편이 무척이나 괴로웠으리라. 그런 어머니의 애달픈 사정을 헤아린 시아버지는 선뜻 함께 살자고 하셨다. 그러나 친정어머니의 사위 집살이가 그리 쉬운 일인가. 딸에게 누가 될까 늘 노심초사였으리라. 말년에 낙상까지 하여 몸을 움직이지 못하자, 스스로 곡기를 마다하다 이승의 인연을 끊으셨다고 한다. 참으로 가슴 아픈 모정이요 고백이다. 아픈 마음을 몰래 삭이며 무시로 항아리를 매만지는 걸 시어머니는 보았으리라. 그러니 친정어머니의 숨결이 고이 깃든 항아리를 어머니가 어찌 애지중지하지 않았으랴. 며느리는 이제야 시골집에 버려둔 항아리가 두고두고 눈에 밟힌다.

대를 이은 항아리에 잘 볶은 통깨를 담아 쓰고 있다. 통깨는 신기하게 벌레의 침범을 받아본 적이 없으니 저장용기론 안성맞춤이다. 매년 여름이면 플라스틱 쌀통 때문에 골치를 앓았기에 항아리의 진가를 더한다. 쌀을 갉아 먹다 못해 방마다 출현해 이맛살을 찌푸리게 하는 날벌레들. 가볍고 편리함을 앞세워 쌀통을 버리지 못하는 풋내기 주부의 심경을 말을 하여 무엇하랴.

우리집은 어느 때보다 어머님의 옹기가 인기이다. 금난죽이 항아리에서 싱싱하게 자라고 있고, 몇 년 전부턴 독 뚜껑을 수반 대용으로 꽃꽂이를 한다. 마블에 장미를 꽂으면 사나흘을 넘기지 못하고 시들해지고, 일주일만 넘겨도 역한 냄새가 진동한다. 독 뚜껑에선 꽃의 생명을 세 배 이상이나 연장하는 통기성을 깨우친다.

옹기의 숨구멍은 흙이 찰랑거리며 살아있을 때 만들어진다. 마치 손자장면처럼 출렁거리며 반복적인 부드러움을 지속시켜야 한다. 흙을 만지는 힘은 크고 작음에 관계가 없다. 어찌 마음의 기복 없이 한곳에 몰두할 수 있는지 궁금할 뿐이다. 시대가 변하고 현대화의 물결에 휩쓸리지 않는 장인인 옹기장이가 부럽다. 변덕이 있는 나에게 던지는 화두인지도 모른다.

옹기 중 잊혀가는 장군을 소재로 한 작가의 발상이 신선하게 느껴진다. 밥상 위의 종지에서 뒷간의 장군까지 생활 속 깊숙이 파고든 무수한 옹기들. 예전부터 알게 모르게 사용되고 내 곁을 지키고 있던 것들이다. 세대를 뛰어넘어 수천 년 역사로 존재하는 소박한 우리의 문화유산이다.

유서 깊은 항아리를 가만히 어루만진다. 내가 소중한 유품을 간직하게 되어 자랑스럽다. 한 번도 뵌 적 없는 선대의 숨결이 느껴진다. 손끝과 손끝을 통한 무언의 소통이다. 항아리의 진가는 백 년 전이나 지금이나 변함없다. 생의 최후도 자연의 순리를 거스르지 않고 흙으로 순환하는 옹기. 나도 숨 쉬는 옹기처럼 늘 깨어있고 싶다.

《수필시대》 2007년 3·4월(제13호)
《선수필》 2007년 여름호

제2부

버선코

버선코

　버스가 승객을 불국사 근처 공원에 쏟아 놓았다. 동행한 몇 사람을 제외하고는 모두 삼삼오오 어디론가 총총히 사라졌다. 점심시간만 자유였지만, 두 마리 토끼를 잡기엔 여의치 않은 시간이었다. 마음이 급했다.
　애초 답사 일정에 불국사는 없었다. 그렇다고 딱히 어떤 것이 보고 싶다는 간절함이 있었던 것은 아니었다. 그저 오래된 이미지, 예스러운 풍취에 몸을 맡기고 싶었다. 잠시라도 그 숨결을 느끼고 싶었다. 아니, 내 무뎌진 감성에 재충전을 할 기회였다. 우리 문화에 해박한 지인이 내 마음을 읽기라도 한 듯 안내를 자청한 것은 그나마 다행이었다.
　그의 곁에서 나는 연방 탄성을 질렀다. 그는 학기말 고사가 닥친 학생에게 핵심 문제를 쏙쏙 뽑아주듯, 드넓은 절의 경내를 잰걸음으로 옮기며 골자를 짚어 해설을 덧붙였다. 청운교, 백운교, 석가탑, 다보탑 등을 삽시간에 훑고 난 후 그는 비로소 입을 열었다. 지금까지는 누구나 아는 유적 안내였다며 빙긋이 웃었다. 그리곤 보여줄 것이 있다며 샛길 쪽으로 빠졌다.

극락전 계단 앞에 이르렀다. 거무스름한 낡고 닳은 돌계단, 층층다리를 오르기 위한 돌층계였다. 그는 무심히 봐 넘기는 나에게 소맷돌을 살펴보라고 했다. 언뜻 보기에는 그다지 특이한 점을 발견하지 못했다. 도대체 그는 내게 무엇을 보라 하는지 의문스러웠다. 층층다리의 좌우 측면에는 곡선의 무늬가 새겨져 있었다. 밋밋한 면이 아니었다. 보통의 소맷돌처럼 선각으로 장식하여 뾰족한 채로 두지 않았다. 앞부리 쪽을 살짝 궁굴려 은근하게 감아올린 부드러운 선의 유형은 마치 할머니가 즐겨 신던 광목 버선의 앞 코, 바로 그것이었다. 어쩌면 저리도 버선코의 모습을 닮았던가.

불국사에는 마음이 쏠리는 석조 건축물이 많았다. 그랭이질로 울퉁불퉁한 자연석과 인공석의 절묘한 조화를 이룬 석축과 자하문 앞이 연못이었다는 설을 가지게 하는 돌 빗물받이. 그리고 극락전 영역을 바친 석단이 특별했다. 모서리를 부드럽게 돌린 선과 몸통에 두른 띠 하며, 2층에서 1층으로 자연스럽게 흐르는 선을 눈여겨본다면, 그곳을 횡하니 스치기 어려울 것이었다.

순간 나를 흥분의 도가니로 몰고 갔던 걸작들은 모두 어디로 가고, 내 머릿속엔 소맷돌에 새겨진 버선코만 압혼처럼 남아 있었다. 돌아오는 내내 선각線刻에 얽힌 상념이 떠나질 않았다. 그것은 생전에 할머니의 모습 그대로였다. 포목점에서 광목을 떠 손수 버선을 만들던 모습과 할머니가 버선목을 잡아당기던 자태가 떠올랐다. 그리고……, 지금도 기억을 떠올리기 두려운 장면, 병풍 뒤에 누워계신 할머니의 모습이었다.

새벽녘, 할머니는 평소와 다르게 거친 숨을 몰아쉬었다. 황황히 부모님에게 알렸다. 아버지는 아무래도 할머니가 오늘을 못 넘길 것 같다며 침울하셨다. 그리곤 친척들에게 할머니의 상황을 일일이 알렸다. 어머니는 다른 날과 똑같이 아침상을 차려주었고 나를 학교로 보냈다. 할머니가 걱정되어 머뭇거리는 발길을, 어머니는 걱정하지 말라는 무언의 눈빛으로 내 등을 떠밀었다.

학교에서 돌아오니 집안엔 이미 사람들로 북적였다. 마당에선 동네 아주머니들이 잔칫날처럼 전을 부치고, 국을 끓이느라 소란스러웠다. 자주 보지 못했던 친척들도 한자리에 모였다. 방안으로 들어갔다. 할머니와 내가 사용했던 방이었다. 벽 쪽으로 병풍이 둘러져 있었다. 할머니는 주무시는 듯 누워계셨다. 돌아가신 분을 보는 건 처음이었다. 무섭고 두렵기까지 했다. 할머니의 얼굴을 제대로 볼 수가 없었다. 그때 눈에 들어온 것은 할머니의 발에 신겨진 버선이었다. 뾰족하게 솟은 할머니의 버선코가 유난스레 눈앞에 어른거렸다.
　내 발은 아버지의 유전형질을 이어받았나 보다. 열 개의 발가락이 볼품없이 쫙 벌어진다. 아버지는 무좀에 걸릴 일은 없을 거라고 장담하며 좋아하셨다. 그러나 난 할머니의 발을 부러워했다. 내 발은 버선을 거부하기 때문이다. 한복을 자주 입는 편은 아니었지만, 시부모님에게 폐백을 드릴 때만은 버선과 하얀 꽃 고무신을 신어야 하지 않겠는가. 버선 앞 코 부분에서 발이 들어가지 않아, 진땀을 흘리다 낭패를 본 그 날의 기억을 떠올리는 일은 지금도 싫다. 결국, 그날 흰 양말로 대신했다.

　하늘로 향한 맵시 나는 버선코. 잊고 지냈던 할머니의 자태를 더듬는다. 할머니는 평생 한복 차림으로 지내셨다. 새하얀 고무신에 약간 누런 광목 버선은 어울리지 않는 빛깔이다. 그러나 할머니의 발을 복제한 광목 버선에는 부드러운 선이 존재했다. 치맛자락 밑으로 살짝 스치며 보이는 궁중의 버선은 아니어도, 할머니는 버선을 신을 때나 벗어 놓을 때나 소중히 다루었다. 밋밋한 돌에 날렵하게 올라간 소맷돌의 선각은 그냥 곡선이 아니었다. 내게 있어 할머니를 향한 그리움의 상징이었다. 그러나 누군가 내 손을 이끌고 알려주지 않았다면 모를 일이었다. 짬을 내 발품을 판 결과였다.

선인들은 허투루 지나가는 것이 없었다. 곳곳마다 솜씨와 깔색이 품위가 있었다. 장인의 숨결이 살아있었다. 불국사 전각殿閣마다 불국을 원하는 사람들이 오르던 층층대 좌우 측면에, 버선코는 몸을 낮추고 고개를 숙여 살피지 않으면 볼 수 없는 장소에 있었다. 돌아보면 오래된 물상 중, 어느 것 하나 소중하지 않은 것이 있으랴. 버선코의 아름다움은 하늘에서도 빛이 났다. 팔작지붕 용마루 양쪽 끝에도 있었다. 동남아의 궁궐을 돌아본 외국인들이 한국의 궁궐이 제일 아름답다고 한 것은, 버선코 마냥 날아갈 듯 오른 추녀선이었다고 하지 않던가.

옛것들이 고유명사화가 되어가는 지금, 일상을 벗어나 그것들과 교감하는 일은 그리 쉬운 일은 아니다. 가정과 직장, 사회가 모두 직선의 질주와 변화만을 원한다. 그러나 난 버선코 마냥 곡선의 숨 쉴 공간이 필요했었나 보다. 분주히 마무리한 기행이 마치 제3의 공간을 넘나든 듯 희열감을 맛본다. 삶의 속도를 조절하며 묵은 체중을 지우는 일은 계속되리라. 아마도 그 일은 내가 일상으로 되돌아가기 위한 시작이며, '기억 문화유산'으로 남기기 위한 마무리일지도 모른다.

《수필세계》 2008년 가을(18호) '우리 시대의 수필작가'
《선수필》 2009년 겨울호
2010년 제17회 충북수필문학상 수상작

실죽 實竹

울창한 대숲 샛길로 들어선다. 안으로 들어갈수록 어둡고 습한 기운이 감돈다. 줄기 틈새로 스며든 빛을 의지해 조심스레 한 걸음 더 나아간다. 언틀먼틀한 흙길은 애초에 길이 아니었음을 보여주는지, 발밑을 살피지 않으면 넘어지기에 십상이다. 붉은 흙 사이로 군데군데 무언가 도드라져 있다.

돌출한 그것은 무수한 발길에 제 빛깔을 알 수 없다. 반질거리고 간격은 일정하며 얼기설기 뻗어 있다. 어디에서 시작되고, 어디에서 끝나는지 알 수가 없다. 길게 불거진 부분은 마치 살아있는 화석같이 느껴지기까지 한다. 뼈만 앙상히 남은 공룡의 등뼈를 밟고 있다는 환상에 빠져들자, 금방이라도 잠자고 있던 공룡이 벌떡 일어나기라도 할 양 온몸에 소름이 으스스 돋는다.

자세히 보니 마디마디가 땅위줄기의 생김새와 비슷하다. 땅속에 묻힌 댓줄기의 일부분인가 보다. 발길에 차여 흙이 무너져 그 실체가 드러난 모양이다. 나무 발치에는 뿌리가 존재하기 마련이다. 그런데 무수한 실뿌리가 달린 뭉치의 뿌리는 보이지 않고, 마디가 촘촘한 줄기가 여기저기에서 보인다.

나는 여태껏 나무줄기는 하늘로 치솟으며 자라는 줄 알았다. 대숲의 땅 밑은 꿈에도 그려 본 적 없으니, 땅속줄기를 모르는 게 당연했다. 그저 남들처럼 대나무의 곧은 자태와 사철 푸름을 칭송하였다. 지금껏 대숲에 일렁이는 바람 소리를 은유하며 감상에 젖어들 뿐이었다. 담양 죽녹원을 둘러보고야 비로소 대나무에 관한 내 알량한 상식에서 벗어났다. 내가 아는 한 땅위줄기에서 유일하게 메워진 공간은 두 줄의 테, 쌍가라지 모양인 마디다. 땅위줄기와 뿌리에서 끝나지 않고 마디 속을 가득 채운 줄기, 속을 비우지 않은 마디에 놀라지 않을 수 없었다.

그것은 실죽實竹이었다. 나의 얇은 표피에 머물었고, 여태껏 눈에 보이는 세계만 말하였다. 가느다란 대나무가 지탱할 수 있는 버팀목이 되었던 땅속 세계. 강한 흔들림에 대비對備한 뿌리와 속이 꽉 찬 땅속줄기가 있다는 걸 몰랐던 것이다. 나무들이 폭풍우에 뿌리째 뽑혀나갈 때, 대나무가 단단히 버틸 수 있던 비결이었다. 그 단단한 줄기로 선인들은 도장이나 지팡이를 만들어 애용하였다니 놀라지 않을 수 없었다.

평소에 좋아하는 오우가五友歌 가운데 다섯째 수, 대나무가 떠올랐다. "나무도 아닌 것이, 풀도 아닌 것이 / 곧기는 뉘 시키며 속은 어찌 비었는가. / 저렇고 사시에 푸르니 그를 좋아하노라." 문득, '속은 어찌 비었는가.'에서 의혹이 일었다.

죽竹은 사군자의 하나로 지조와 절개를 상징한다. 속을 비우고 있어 선비의 곧은 결백의 상징처럼 여겼던 대나무, 분명히 하늘로 꼿꼿하게 솟아오른 땅위줄기를 노래한 것이다. 그렇다면, 선인도 나처럼 눈에 보이는 부분만을 노래하며 좋아하지 않았나 싶다. 미래의 죽순을 탄생시키고 버팀목이 되었던 땅속줄기, 숨은 존재 실죽實竹의 세계가 있었던 걸 몰랐던 건 아닐까. 꼬리를 무는 의문을 캐내니 그것은 나의 생각일 뿐이었다.

'만파식적'이란 가로 피리는 대나무가 '낮엔 둘, 밤에 하나'란 노랫말처럼 한 손으론 어떤 소리도 낼 수 없지만, 두 손이 마주치면 능히 소리가 난다는 성음聲音의 이치를 상징하였다. 거기서 신라인은 안식과 평화를 얻었다는 호국사상이 담긴 설화가 있다. 난 여기서 하늘과 땅에 존재한 땅위줄기와 땅속줄기가 한 몸으로 서 있는, 비움과 채움의 균형의 미를 깨우친다.

그렇다면, 사람도 대나무처럼 삶의 마디가 있지 않을까? 인생의 마디를 연령대로 나누는 것처럼 말이다. 10대, 20대, 30대, 40대……. 허정거리고 있는 지금의 난 삶의 어느 마디쯤에 머물고 있는지 자문해 본다. 또 어떤 마디에서 성장의 아픔을 겪었으며, 그 삶의 마디는 어느 마디에서 비워두었고, 단단하게 채워졌는지 말이다.

돌이켜보니 자의 반 타의 반으로 자립한 20대였다. 내 뜻대로 인생진로가 펼쳐지지 않았기에 슬퍼하며 방황하였던 시기이다. 자신의 앞가림도 제대로 하지 못하는 꽃다운 나이 열아홉. 내 또래는 대학 컴퍼스를 거닐며 학문을 논하고 있었을 나이다. 그러나 나는 험난한 사회에 뛰어들어 윗사람의 눈치를 보던 시절이며, 첫 월급봉투를 손에 쥐었던 그즈음이다.

많은 사람이 물질주의를 탓한다. 그러나 그것이 밑바탕이 되지 않으면 인생에서 가지 않은 길을 그리워하며, 나처럼 현실을 택할 수밖에 없는 상황이 되리라. 몸값을 높이기 위한 끝없는 질주와 가난을 벗어나기 위한 몸부림이었다. 내가 가정을 이뤄 두 아이를 낳고 키우며, 집을 넓히고, 승진을 거듭하며……. 하늘 높은 줄 모르고 죽죽 키워나갔던 30대다.

시간이 속사포처럼 흘러 지금 나는 40대에 서 있다. 삶의 스치는 웬만한 바람은 자신의 의지대로 움직일 수 있는 나이며, 한창 일할 나이라고도 말한다. 그런데 난 이따금 주춤거리며 횡보橫步하기도 한다. 가끔은 나조차도 내 속을 모르기 때문이다. 오로지 자신을 위한 삶이 아닌 다른 사람을 위한 희생이라는 이기심 때문인가. 인생에 정답이 있는 것도 아니고, 지금까지 살아온 삶의 마디를 잘라 정정할 수도 없는 것.

바람 불지 않는 삶은 없기에 그 바람 때문에 여기 이 자리까지 올 수 있었다고 위로할 뿐이다.

돌아보니 내 삶은 꼭 웃자란 나무 같다. 단단하지도 못하며 마디마디에는 쓸데없는 오기와 욕망으로 가득 차 있는지도 모른다. 그러니 늘 갈팡질팡 불안해질 수밖에 없다. 아마도 삶의 어느 지점에서 비우기와 채우기의 균형을 이루지 못한 탓인가 보다. 기초가 튼튼하지 못하면 줄기와 더불어 뿌리까지 흔들려 중심을 잡지 못한다. 가느다란 댓줄기가 강풍에 쓰러지지 않고 자세를 곧추세우는 데는 남다른 비결이 있듯이. 댓줄기의 마디와 마디 속 비움과 채움의 조화를 보며, 내 삶의 과거와 미래의 마디도 그려보았다.

채움의 실죽實竹을 다시 보니 마디마디가 경이롭다. 고요한 선미禪味와 치열한 정신미가 느껴진다. 땅속줄기를 공룡의 등뼈로 오인했던 첫 느낌을 떠올리자 피식 웃음이 터진다. 만인의 지팡이까지 바라진 않는다. 미래의 내 삶에도 듬쑥한 한 마디쯤 있길 바라며, 말이 씨앗이 되도록 힘차게 주문을 건다. "아브라카다브라, 얍!"

《수필세계》 2009년 봄호

* 아브라카다브라(abracadabra): 헤브라이어로 '말한 대로 이루어진다.' 라는 마법의 주문이다. 즉, 말로 나타낸 일들이 실제의 일로 나타나기를 바란다는 뜻을 담고 있다.

업業

바람 한 점 없는 낯선 거리다. 발밑에는 선혈이 물컹거린다. 순간, 또 한 줌 뭉텅 떨어진다. 생을 마감하기에 주저함이 없다. 조심스레 손안에 넣어본다. 어느 한 잎도 시들지 않은 성성한 꽃. 동백꽃의 요사夭死에 가슴이 뭉클해진다.

경건한 손놀림이다. 꽃의 얼굴을 하늘로 나무 발치에 나란히 눕힌다. 여남은 꽃을 한곳에 모아 놓은 꽃무덤. '아, 못다 핀 꽃들이여,' 무슨 업보로 이렇듯 인연의 끈을 무 자르듯 하느냐. 자신의 일부였던 나무에 묻는다. 그러나 묵묵부답이다. 부산히 어디론가 향하는 사람들을 붙들고 묻고만 싶다. 어느 누구도 발밑에 관심을 두지 않는다.

한라산으로 달려가는 길이다. 버스를 타기 전 내 마음과 다르게 차창 밖의 물상은 서로 정겨워 보인다. 제주 특유의 거무튀튀한 돌담과 그 아래 피어난 유채꽃 무리. 광활한 들판과 한가로이 노니는 조랑말, 끝없이 이어진 길과 그 위를 터덜거리며 달려가는 버스가 그러하다.

길은 사람과 문명의 산물에 온몸을 눕혀 헌신하고, 들판은 맛있는 풀을 키워 조랑말을 살찌우는 데 반해 마구 짓밟히고 있다. 세상에 태어나 이렇듯 일방적인 관계로 끝이 나는가. 자못 억울한 생각이 든다. 물기 잃은 갈대의 흔들림이 지금 내 머릿속만 같다. 아니 말없이 낙하하던 동백꽃이 자꾸 눈앞에 선연해 눈시울이 뜨거워진다.

매표소에서 영실까지의 밋밋한 도보는 참으로 지루하다. 늘 하던 식의 일상적인 산행이 아니다. 윗세오름까지 걸어 오르기로 독한 결심을 한 것이다. 대부분의 사람은 승용차로 바람을 일으키며 지나간다. 그 바람을 맞는 순간마다 그들이 부럽게 느껴지기까지 한다. 이내 후회의 낯을 들킨 듯 부끄럽다. 그즈음 "까악, 깍…." 심심찮게 울리는 까마귀들의 대화. '신령神靈들이 사는 곳이니 몸과 마음을 바르게 하라고' 영실에 입산한 나그네에게 경고를 보내는 듯하다. 문득 두려움마저 든다.

음산한 기운을 떨쳐보려 기지개를 켜본다. 질척거리는 소나무 숲을 힘껏 내딛는다. 지상이 봄꽃으로 만개하여 '괜찮겠지 싶었다.' 그러나 오산이었다. 잔설에 깔린 죽순을 제치고 하산을 서두르는 사람들의 신발이 푹 젖어 있다. 윗세오름은 해발 1,700여 미터 높이에 일 미터 이상 눈이 쌓인 설산雪山이었다. 산은 구전으로 주위들은 상식으론 아니 두 발로, 두 눈으로 오르고 확인하기 전까지 섣부른 판단은 계산착오다. 귀찮게 여기던 등산화가 보배같이 느껴지는 순간이었다.

　오름을 더할수록 쌓인 눈의 깊이도 만만찮았다. 자문자답하던 나의 신경은 온통 발밑에 있었다. 원래의 등산길이 사라지고 말아 먼저 간 사람들의 발자국을 따라갔다. 온몸으로 겨울을 이겨낸 투혼의 상흔이 드러났다. 여기저기 멀쩡한 소나무들이 꺾여 널브러져 있었다. 부러진 산수유 가지에 갓 피울 꽃망울이 나그네의 마음을 더욱 안타깝게 했다.

　히말라야 등정이 이만할까? 병풍바위 못 미처 사선으로 누운 오름을 기어오를 때다. 푹푹 빠지다 못해 미끄러져 나뒹구는 사람이 한둘이 아니다. 이성은 두 발을 정석으로 밟으라는데, 발은 미끌미끌 행방을 몰라 한다. 그래, 어디 그뿐이랴. 세상 살아가는 이치도 그러하건만. 날 조롱이라도 하는 듯, 설원 저 끝 고지를 알리는 빨간 깃발만이 신이 나 나풀거린다.

　영실의 빼놓을 수 없는 비경인 오백나한 절벽이다. 아니 하나가 모자란 499명의 나한이라는 전설이 있다. 숫자는 숫자에 불과할 뿐, 그게 무에 그리 중요하랴. 나한에 얽힌 슬픈 전설이 가슴을 울려 숙연해지는 순간이다. 배곯은 자식을 위해 당신의 육신을 펄펄 끓는 죽 솥으로 낙하를 주저하지 않았던 어머니. 인간 창조 이래 어머니의 마음은 다르지 않나 보다. 어머니의 인신 공양인 줄 모르고 허기를 채우는 자식들이 천지간에 있던가. 결국, 그 마음을 미처 헤아리지 못해 바위로 남아 업보를 치르는가 보다.

오백나한의 통곡소린가. 바람은 모든 것을 날려버릴 기세다. 전생의 인연이 궁금한 것이 아니다. 다만 내 생의 업이 다른 사람의 응보로 이어진다고 생각하니 두려울 뿐이다. 내가 저질러 놓은 선행과 악행, 업業을 지우기라도 할 듯이 몸으로 바람을 맞으며 돌진한다.

평소 윤회설의 절대성을 믿진 않았다. 하지만 시간이 흐를수록 나를 중심으로 일어나는 모든 일을 감당해야 하고 회피할 수 없게 되었을 때 의구심을 갖게 되었다. '그릇이 작은 나한테 이토록 버거운 짐을 짊어지게 하는가? 그 고통은 언제 끝이 날 것인가? 그것에 대한 일언반구도, 대가도 없으면서' 말이다.

가난한 집 맏이로 태어나 인생을 마음대로 조율할 수 없는 환경이었다. 동생들이 많아 꿈을 포기했고, 부모님의 반대로 더 큰 세계를 나아가지 못함이 불만이었다. 우물 안 개구리처럼 발버둥을 쳐대며 알게 모르게 여러 가슴에 상처를 입혔다. 돌연 어머니가 이승을 하직하여 형제들이 내 책임이라 느껴질 때, 한동안 감내할 수 없는 짐이라 여기며 하소연을 하였다.

　누군가 그리 말했던가? '자신이 감내할 수 있을 만큼 짐을 지운다.'는 물린 말이지만 그것이 맞는가 보다. 순리대로 받아들이면 모든 것이 편안한 건만, 조금만 내 것을 포기하고 양보하면 될 것을. 탐진치와 단견斷見으로 전생의 업보를 치러야 함을 모른 것이다. 또 스스로 무거운 짐을 혼자만 지었다고 자칭했으니, 내 업을 스스로 하나 더 낳고 있었던 것을 몰랐다.

　그렇게 갈망하던 윗세오름에 올랐다. 광활한 설원 위에 까마귀가 군데군데 검은 물방울무늬를 그렸다. "까악, 깍" 기력을 소진한 나처럼 까마귀의 소리도 힘없이 들렸다. 무섭고 두렵게만 느껴졌던 그의 실체가 조금은 친근하게 다가왔다. 영실에서 설원雪原까지 날 지켜보며 동반하였다는 위로 때문일까. 역시 모든 일은 마음에서 비롯된 일이었다. 하산 길은 죽지에 날개를 단 듯 가벼웠다.

　아침에 서성이던 그 자리다. 좌우를 살펴도 꽃무덤은 사라지고 없다. 누군가 내 마음을 읽었던가. 더 좋은 세상에 태어나길 기원할 뿐이다. 그래, 부모님이 자식을 위해 헌신하였듯, 동백꽃도 나무를 위해 등신불을 자처한 것이다. 고통과 눈물 없는 사랑이 어디 있겠는가. 남은 생애는 그들의 절반이라도 닮아 내게 주어진 과업을 다하는 것이다.

거리는 꽃의 만발로 온화하다. '네가 사는 세상으로 돌아가라'며 등을 떠미는 듯하다. 담담하게 인연의 긴 강물로 뛰어든다.

《수필시대》 2006년 7·8월(제9호) '이 작가를 주목한다'
한상렬《수필이 내게 오라 하네 2》 2008년
《제물포수필》 2007년(제49호)

토우

 참 낯설다. 두 눈을 부릅뜨고 코는 벌름거리는 듯한 표정이다. 젖무덤을 적나라하게 내놓은 채 결가부좌한 다리 위로 두 손을 맞잡은 여인의 토우. 뜰에서 제일 먼저 눈에 든 작품이다. 활짝 핀 벚꽃 때문이었을까. 아니다. 벚꽃 때문이라고 말하기엔 역부족이다. 그 자태만으로도 충분히 뭇사람의 시선을 끌고도 남는다. 작가는 왜 하필 하고많은 모습 중 남부끄러운 형상으로 빚었는지 궁금하다.
 두모악 뜰에는 황토로 빚은 토우가 많다. 색을 입히지 않아 자연 그대로의 느낌이라 보기에 편안하다. 그들의 모습은 대부분 두 눈을 감거나 고개를 숙인 생각이나 고민에 빠진 표정들이다. 내 나름대로 주제를 정해본다. 생각, 고민, 고통, 무념무상 등이지만, 나는 '생각에 빠진 토우'라고 이름하고 싶다. 아마도 토우를 만든 작가도 나처럼 여러 생각을 했으리라. 아니 더 많은 고심을 했을 것이다. 그의 생각을 전부 알 수는 없지만, 나의 짧은 혜안으로 헤아려 본다.

검은 돌담을 왼쪽으로 돌자 무료한 듯 두 팔을 머리 위로 두른 토우를 만난다. 무엇이 불만스러운 것일까. 표정이 뽀로통하다. 아마 요즘 아이라면, 학교에 다녀와 게임을 하고 싶을 것이다. 그러나 아이는 가방을 바꾸어 학원을 가야만 한다. 학원을 강요하는 어머니에게 무어라 말도 못하고 몸짓으로 항의하는 건 아닐까. 대부분 어른은 아이의 생각은 무시한 채, 계획대로 기계처럼 따라야 하는 실정이다. 그런 어머니에게 나도 생각이란 게 있다는 걸 무언의 표정으로 암시하는 건 아닐까 싶다.

이어 현무암을 덮은 푸른 담쟁이덩굴 위에 서 있는 토우다. 눈을 감고 왼쪽으로 고개를 갸우뚱한 토우가 귀엽기 그지없다. 무슨 생각을 저리 골똘한 것일까. 행복한 표정이다. 그래, 사랑하는 사람을 떠올리면, 저런 표정이지 않을까. 아니 어머니의 품속에 안긴 모습을 떠올렸으리라. 나 또한 이 토우를 보며 지금은 만날 수 없는 어머니의 얼굴이 겹쳐졌으니까.

그의 고통이 절절히 스며든다. 바닥에 앉아 고개를 숙인 토우, 두 손은 머리를 쥐어뜯는 듯하고 일그러진 표정은 보는 사람도 힘겹다. 절망의 상태인 것 같다. 마침 이슬비가 내려

토우 이마에 빗물이 방울방울 맺혀 떨어지니 그의 눈물처럼 느껴져 더욱 가엽게 느껴진다. 고통의 이유를 알 수 없다. 굳이 상상하라면, 현대의 아버지상 같다. 요즘 IMF를 겪으며 기업에선 구조조정의 칼날을 휘둘러 그 여파로 일자리를 잃은 직장인이 한둘이 아니다. 아마도 처자식을 생각하며 저런 표정과 모습을 지었으리라. 그의 고통이 어서 끝나길 바라는 마음으로 비손하며 자리를 떠난다.

팔짱 끼고 먼산 바라보며 생각에 빠진 토우 앞에 서 있다. 스쳐온 토우들의 모습과 표정은 꼭 인간의 모습을 보는 것 같다. 분주한 일상에서 다람쥐 쳇바퀴 돌듯 살아가는 사람들. 문득 무의식중 생각에 빠진 나의 자태와 숨은 표정이 궁금해진다. 현무암에 앉아 생각에 빠진 토우. 나의 생각하는 자태를 그리라면 저런 모습일까. 머리는 왼쪽으로 갸우뚱한 상태로 한 손으로 받치고, 다른 한 손은 두 무릎을 감싸 안아 앉은 상태이다. 오랫동안 그 모습으로 생각에 빠져 있어도 좋으리라.

토우를 따라 낮은 돌담을 돌고 돈다. 갑자기 갤러리 입구에서 동료가 나에게 어서 들어오라고 부른다. 나는 간다고 손짓으로 답한다. 갤러리는 벌써 세 번째 방문이나 토우를 이렇듯 상세히 살피긴 처음이다. 나는 동안 세상의 물상을 눈으로 보았으나 제대로 보지 않고 다닌 것이다. 토우의 모습과 표정을 살피고 그의 마음을 생각을 엿보려는 노력은 이번이 처음이다. 다시 나의 상념을 깨우는 웃음소리이다. 벚꽃 아래서 사진을 담는 비 맞은 여인들, 그들도 예전에 나처럼 토우가 아닌 봄빛을 찾아 떠돌고 있는 것인가.

    토우는 나에게 '생각'이란 걸 선물하였다. 정녕 생각 없이 살아온 날이 얼마나 많은가. 토우는 오로지 물욕과 명예만을 위하여 질주하는 가벼운 현대인에게 진중한 생각을 하라는 암시 같다. 누구라도 이 뜰에 서면 토우처럼 생각에 들리라. 자신의 존재를 다시금 돌아보는 좋은 계기가 되리라.

월간《좋은수필》2014년 2월호(제31호)

괘릉

능 주인 왈(曰) :

능의 주인을 모른다.
누구일 거라는 설만 있을 뿐이다.
찾는 이 없는 게 당연하다.
그들끼리 재롱떨다, 춤추다, 호령하다, 지쳐버린 괘릉아!
마침내 울분을 터트린다.

답답하다. 내가 누구인지를 왜 밝히지 못하는가. 이 땅을 밟고 있는 후인들은 들어보라. 자네는 현실에 자족하는 일에만 전념하는구나. 내로라하는 사학자들 또한 이름만 내걸고 있어. 누구일 거라는 추정만 하고 있으니 참으로 속이 탄다. 왕릉이 갖추어야 할 조건들, 둘레돌·십이지신상·난간·석물들이 신라 능묘 중 가장 완비된 형식을 갖추었지 않는가. 석조물의 조각수법이 신라인의 예술적 최고의 경지를 보여주는 좋은 예라며, 후대 능묘의 중요한 본보기 자료가 된다면서…….

그런데 나를 이리 홀대하는 거야. 차마 눈뜨고 보지 못하겠구나. 치국을 제대로 못 한 어떤 자도, 갖은 언어와 유려한 문자로 포장하여, 정보의 바다를 누비고 있잖아. 무엇이 모자라서 문화재청 인터넷 홈에 오른 조선 왕릉처럼, 선대의 신라 왕릉은 체계적 정비를 못 하잖아. 내 입으로 말하기 낯간지러운 얘기지만 나도 한때는 세상을 호령했던 왕 중의 왕, 설움에 겨워 울분을 토하노라.

후인들아, 캄보디아의 북서부 앙코르와트의 역사는 줄줄 외며 감동하며, 유가폭등에도 비행기 타고 날아가 관광하며, 날 바라볼 기회는 짬을 낼 시간은 정녕 없는 거야. 그렇다고 오해는 하지 마라. 그 유적과 날 비교하는 건 아니다. 죽음의 사원이라고 불리었던 그곳의 베일을 벗겨 낸 후인의 끈기가 부러울 뿐이다. 그것을 말하고자 함이다.

내 영혼을 수호하는 내 앞에 서 있는 저 석물들을 보라. 어깻죽지에 세월의 더께가 눌러앉아 훼손되었을지라도, 덕지덕지 붙은 검푸른 이끼와 풍파에 닳고 닳았을지라도 나를 알리는 증거가 아니겠는가. 나의 수호 사자들은 내가 누구인지 어찌 나라를 다스렸는지 낱낱이 알고 있다. 나를 알려면 그들을 뜨거운 눈으로 바라보아야 한다. 천 년을 거슬러 올라가 문명이 발전하지 않은 시대의 괘릉과 까마득한 후손 고종이 묻힌 홍릉과 무엇이 다르랴.

나그네 왈(曰):

그 말이 떨어지기 무섭게 석물들을 찬찬히 둘러본다. 고문화에 관심을 두게 된 지 얼마 되지 않는다. 천 년의 고풍과 향기를 조금이라도 느껴보려면, 아무래도 무덤이 제격이지 싶다. 능 밖에 조각된 석물들의 특징과 생김새를 주변 풍경과 엮어 살펴본다. 홀로 무덤을 찾는 일은 쉽지 않은 일이다. 마침 기회가 주어졌으니 능의 주인을 상상해 보는, 천 년 전으로 돌아갈 좋은 기회이다.

화표석·무인석·문인석·사자석 두 쌍을 지나자 발밑이 질척거린다. 며칠 전에 내렸던 빗물이 빠지지 않고 고여 있는 것도 아니고, 아마도 연못이었다는 설이 맞는가 보다. 무덤의 구덩이를 팔 때 물이 괴어있어 널(棺)을 걸어(掛)묻었다는 설이 전해진다. 그래서 '괘릉'이란 칭호가 붙었단다. 거대한 봉분 앞에 서본다. 제대로 된 능호가 없는 게 안타까울 뿐이다. 어쨌거나 괘릉을 에워싸고 있는 풍경과 수호 사자와 소통을 꾀하자.

경주소나무

먼발치서 바라본 안개 낀 소나무 숲은, 꼭 날개옷을 입은 선녀들의 군무처럼 보인다. 등허리가 너울너울 나긋나긋 유연하게 휘어진다. 고수의 추임새로 흥에 겨워 나그네의 어깨도 들썩거린다. 그러나 가까이 다가갈 수가 없다. 무리가 흩어질까 봐 두려워서다. 무덤을 에워싸고 있는 굽은 소나무들의 자태는 몽환적인 분위기를 자아낸다.

안개가 걷히자 딱 그 풍경이다. 누군가가 '동작 그만'을 외쳤을 때 부동의 자세라면 이러할까. 소나무들은 등허리가 구불구불, 서로 엉키지 않은 채 자연스러운 곡선을 연출한다. 그러나 위험이 닥쳐오면 영화 '반지의 제왕'처럼 소나무들도 터벅터벅 살아 움직이는 나무로 변신할 것만 같다. 그렇다면 괘릉의 수호 사자들은 어마어마한 군단이 아닌가.

괘릉을 에워싸고 있는 건 소나무 숲이다. 능의 주인 또한 소나무를 무척이나 아꼈음을 믿어 의심치 않는다. ― 조선 제7대 임금 세조는 "내가 죽으면 속히 썩어야 하니 석실과 석곽을 세우지 말 것이며 병풍석을 세우지 마라."라고 유언하였다. 그런 남다른 관리로 국립수목원은 후인들에게 도심 속 쉼터로 활용되고 있다. 세조만큼 몸소 실천을 보인 환경론자도 없으리라. ― 군무를 추는 양 서 있는 경주소나무. 주인의 명이 떨어지면 금방이라도 마법이 풀려 성대한 연회가 벌어질 것만 같다.

무인석

능 초입에 만난 수호 사자다. 그 자태가 역시 무인답다. 험상궂은 인상에 불똥이 떨어질 듯 부리부리한 두 눈, 성난 듯 올라간 굵은 눈썹, 덥수룩한 구레나룻. 그리고 가슴께로 불끈 쥔 왼손과 금방이라도 힘줄이 튀어나올 듯 장칼을 쥔 우람한 오른손은, 금방이라도 적군을 때려눕힐 자세다. 또 굽실굽실 어깨까지 치렁한 머리칼은 선조의 모습이 아니다. 낯선 서역인의 형상이다.

그렇다면 그 시절에도 국적을 넘나든 용병선수로 무인을 채용한 것일까. 어쨌거나 무인은 용감무쌍해 보인다. 자신이 수호하는 주인을 욕보이거나, 무덤의 주위를 어슬렁거리는 자 감히 없을 것 같다. 그에게선 애초부터 그 누구도 얼씬 못하게 할 기운이 넘친다. 그 표정과 투지 어린 모습에서 당대의 무인정신을 엿본다.

사자석

동서남북, 방향을 달리한 석사자의 표정과 모습이 제각각이다. 동물의 왕국에 왕답게 근엄한 모습의 사자, 아마도 사자석 중 대장임이 틀림없다. 무에 그리 좋은지 해맑은 미소를 짓는 사자에 눈을 부릅뜬 사자석도 있다. 사자들의 앞발과 뒷발은 정면을 향해 모으고, 뒷모습은 앳된 처녀가 우물가에서 빨래하느라 앉아 있는 형상이랄까. 그러나 꼬리는 탄력 있게 등허리 위로 쳐든 것이 수호자로서 긴장을 늦추지 않는 자세인 것 같다.

그런데 유독 한 놈의 자태가 불량하다. 무엇을 보았는지, 허연 이빨을 드러내고 침을 흘리는 듯 게슴츠레한 표정이다. 석사자는 무언가 찔리는 게 있는지, 주인이 누워있는 무덤을 바라보고 있다. 그러나 시선은 무덤을 보지만, 마음은 다른 데 있는 게 분명하다. 아마도 무덤 뒤편에 서 있는 경주소나무, 무희에게 반한 성싶다. 살짝 왼발을 쳐든 모습은 맘에 품은 그녀를 반기는 손짓일까, 아니면 함께 춤을 추고 싶다는 신호일까. 어디서도 볼 수 없는 전무후무한 그의 자태는 과히 해학적이다.

12지신석

봉분 주위를 탑돌이 하듯 한 걸음 한 걸음 돌아본다. 석주, 호석, 탱석… 무덤에 관한 문외한이니 잘 모르는 게 당연하다. 내 깜냥에 제주의 무덤 앞에 서 있는 동자석은 죽은 자와 산 자의 영혼의 교류자로, 왕릉의 석물들은 능의 수호자로 보아 넘긴 게 전부다.

괘릉에도 신라 특유의 양식인 둘레돌이 무지의 눈에도 돋보인다. 호석에 양각으로 새긴 무복을 입고 무기를 든 12지신상, 바로 그것이다. 봉분 정면(남쪽)에 오午상을 중심으로 자축인묘진사子丑寅卯辰巳 6상이 오른쪽을 향하고, 미신유술해未申酉戌亥 5상이 왼쪽을 향하고 있다. 양쪽의 상들이 모두 오상을 향하여 머리를 두고 있다.

둘레돌에 양각된 석물 하나하나의 부드러운 선의 흐름이 이채롭다. 천 년이 흘러도 그 모습 그대로 보존되도록 재료를 선정한 선인의 혜안과 사실적 표현이 놀랍다. 무복이 어깨선 아래로 자연스레 물 흐르듯 묘사한 자子상을 부르면, 금방이라도 내 앞에 쏜살같이 튀어나올 성싶다. 무장한 왜구들이 쳐들어온다 해도 겁낼 필요가 없다. 그들은 일사불란하게 맡은 바 임무를 다하리라.

'능 주인이여, 너무 서운히 생각 마소.'
후인이 당신을 몰라봤어도 괘릉 주변에 치장된 조각과 석물들은 당대의 가장 우수한 예술품이라 표기하고 있다. 그런 걸 보면 당대 후인은 생전에 치국의 업적을 존경의 마음을 담아 정성으로 모신 게 분명하다. 변명 같지만 능의 주인을 모르는 건, 역사적 어떤 연유로, 어느 대에서 분별없이 흐려졌는지 모를 일이다.

그리고 '나그네의 가슴에 불붙듯 일어나는 이 엄청난 힘, 사물의 본질과 의미를 꿰뚫고 싶은 의욕과 의문이 솟구칩니다. 그러나 ······.'

다음을 기약하며, 나그네는 돌아서야만 한다.

수호하는 석물들을 본 후 가슴에 뜨거운 것이 와 박혔다.

능 주인은 재덕 겸비한 변화를 두려워하지 않는 왕임이 틀림없다.

까마득한 후인이 그의 울분에 어설픈 답변을 한다.

그의 마음에 들었을 리 만무하다.

《수필과 비평》 2008년 7·8월(제96호)
《수필세계》 2008년 가을(제18호) '우리시대의 수필작가'

골목길

좁은 골목을 돌고 돌다 막다른 집에 다다른다. 더는 나아갈 수 없는 끄트머리 집이다. 허름한 담장에 그린 그림이 돋보인다. 양 갈래머리 아이가 비탈길을 허정거리며 오르는 중이다. 얼핏 보면 전봇대를 오르는 것 같지만 아니다. 전봇대와 담장을 한 장의 여백으로 삼은 벽화는 달동네 풍경이다.

이런 그림을 그리는 사람은 분명히 남다른 사람임이 틀림없다. 가파른 길을 오르는 아이 모습을 전봇대에, 좁은 골목을 두고 다닥다닥 붙은 집과 창밖으로 고개를 내민 남자를 담장에 그린 것이다. 두 개의 대상을 하나로 표현한 것도 남다르지만, 끝없이 나아가는 표현의 발상이 놀랍다. 화가는 이와 비슷한 시절을 보냈거나 마음에 간직한 그리운 골목길을 표현했을지도 모른다.

청주 우암산 서쪽 자락에 자리 잡은 달동네 마을은 '수암골'로 불린다. 한국전쟁 때 피란민들이 모여 살던 곳이다. 시간이 흘러 지붕과 바닥을 보수하고 쓰러진 담도 올리고 길도 냈지만, 예전의 모습을 거의 간직하고 있다. 벽에 쓰인 '근면, 자조, 협동'이란 퇴색한 글자가 오랜 세월이 지났음을 말해준다. '새마을 노래'가 울려 퍼지면 동네 분들이 하나둘씩 골목으로 나와 비질을 할 것만 같다.

청주 시내가 한눈에 들어오는 전망이 좋은 동네, 수암골. 마을 초입 둥구나무 앞에 앉아 소소한 일상을 나누며 바라보는 풍경은 무엇과도 바꿀 수 없으리라. 수년 전 근처 학교에 다녔어도 이곳을 찾은 건 처음이다. 그저 달동네로만 알았던 나도, 근사한 벽화골목으로 소개되고, '카인과 아벨' 드라마 촬영지로 알려지면서 찾게 된 것이다. 지금은 차가 다닐 수 있어 쉽게 오르지만, 도로가 없던 시절에 연탄과 물동이를 지고 오르기엔 쉽지 않은 길이다.

좁은 골목길을 걷자니, 귓전에 급한 발걸음 소리가 들리는 듯하다. 학교까지 버스 타고 가기엔 모호한 거리라 9년을 걸어 다녔다. 기억나는 골목 풍경은 슬레이트 지붕이나 녹슨 함석지붕, 드물게 기와를 올린 집들. 담장은 대부분 이끼 낀 강돌 위에 올린 콘크리트 담이거나 황토로 만든 담, 붉은 벽돌로 쌓은 담이 떠오른다. 지금 수암골 풍경과 엇비슷하다.

돌아보면, 나는 늘 앞만 보고 골목을 뛰어다녔다. 그곳을 지나갈 땐 골목이 비어 있는 이른 아침이거나, 그곳에서 놀던 아이들도 집으로 돌아간 저녁무렵이었다. 오후의 골목은 정적에 휩싸여 두려움을 일으켰다. 내 뒤를 누가 따라오기라도 할 양 겁이 더럭 났다. 두려움에서 빨리 벗어나고 싶을 뿐이었으니 골목의 정감을 어찌 알 수 있으랴.

'골목길' 하면 떠오르는 기억이 하나 더 있다. 막다른 골목에 붉은 벽돌담 집은 초등학교 2학년 시절 같은 반 남자 친구가 살았다. 늘 함께 등교하던 친구가 어느 날인가 미국으로 홀연히 떠났다. 지금 그 친구의 얼굴도 이름도 기억이 나지 않는다. 한동안 골목이 텅 빈 양 허전함을 느꼈던 시절이 나에게도 있었다.

허름한 담벼락에 그려진 지도를 따라 '가느다란 골목길'을 걷고 있다. 처음 오는 사람은 어디가 어딘지 헤맬 것이다. 그러나 걱정할 일은 없다. 언젠가는 한길로 만나지니까. 또 나 그네는 집집이 대문 앞에 놓인 화분을 보고 미소를 지으리라. 앉은뱅이 채송화와 풋고추가 주렁주렁 매달린 나무, 푸릇푸릇한 대파 등 아기자기한 화초를 가꾸는 집주인을 떠올릴 것이기 때문이다. 한여름, 옥상의 소쿠리에선 겨울 반찬이 될 찐 풋고추와 무, 청둥호박을 잘게 자른 풋것들이 물기가 마르리라.

어디선가 청국장 끓이는 냄새가 풍긴다. 담을 넘어온 정겨운 냄새다. 갑자기 시장기가 돌며, 어머니가 손수 담근 장맛이 그립다. 예전에는 밥 지을 때면 이웃집에 어떤 반찬을 해 먹나 어림짐작할 수 있었고, 울타리나 낮은 담 위로 음식이 오가는 도타운 정이 넘치던 시절이 있었다. 지금은 어디 그런가. 아파트 들어오는 입구부터 현관까지 보완이 철저하다. 이제 내가 사는 곳에선 생각지도 못할 일이 되었다.

향수에 젖어 벽화를 감상하고 있다. 강돌 위에 그려진 자그마한 동물 발자국이 시선을 끈다. 이어 엉성하게 쌓은 벽돌담에 고개를 갸우뚱한 복슬강아지. 금세 집주인을 알아보고 구멍에서 강아지가 튀어나올 것만 같다. 그 집 대문이 열려 있어 안을 엿보니, 놀랍게도 담에 그려진 강아지가 반갑게 꼬리를 흔들고 있다. 골목길 벽화에는 집집에 살아있는 이야기가 살아 숨쉰다.

쓸쓸한 달동네에 '추억의 골목 여행'이란 행사로, 수암골에 사람들이 오가고 따스한 정이 흐른다. 담장이 낡고 깨지고, 바닥에 이끼와 새카만 더께가 앉은 우중충한 골목길이 벽화로 환해진 느낌이다. 골목길 담벼락에 그려진 그림은 그냥 그려진 것이 아니다. 옛정情이 그리운 이들이 자신의 생활 모습을 담아서인지 골목이 훈훈하다. 골목 굽이를 돌아서면, 금방이라도 그리운 얼굴이 나타날 것만 같다.

《중부매일》에세이뜨락 2009년 10월30일
월간《사진》2010년 4월호 '이야기가 있는 출사지'
계간《문학춘추》여름호

폐타이어

　폐타이어가 보기 좋게 버려졌다. 아니 그의 재탄생인가. 그 말의 뉘앙스를 수긍할 수 없는지 타이어는 반기를 든다. '버려진 듯 집 지키는 노구로 전락했거늘, 무엇이 재탄생이냐.'라고 빈정거린다. 그러나 난 '제 눈에 안경 아니냐.'라고 얼버무리며 말꼬리를 흐린다. 홀로 집을 지키는 칠순이 넘은 친정아버지 얼굴이 떠올라서다.

　아무튼, 난 폐타이어가 연출된 한 상점 앞에서 시선이 고정되었다. 상점과 보도를 가르는 경계지점. 그의 원형을 그대로 살려 얼기설기 엮어 놓은 울타리다. 담으로서 제 역할을 톡톡히 해내고 있다. 적어도 속도를 잊은 채 구석에 버려진 폐타이어의 모습은 아니었다.

　타이어는 예전 그대로의 모습이 아니다. 소중한 생명인 속도를 잃어버렸다. 어디 그뿐인가. 팔과 다리 격인 돌기도 닳고 닳아 없어지고 굵게 패인 빗살무늬도 흔적 없이 지워졌다. 구르고 구르다 남은 건 밋밋해져 번들거리는 몸통, 검은 원형일 뿐이다.

폐타이어의 심중에 묻어 두었던 말이 터져 나온다. '난 거침없이 내동댕이쳐졌어. 하지만 그대, 기억하는가? 영악한 인간의 삶과 역사를 함께했던 사실을 부인할 순 없을걸. 내게도 화려한 시절은 있었지. 손수레의 바퀴로, 온 힘을 기울여 자신을 바쳤던 자동차의 바퀴로. 그리곤 모두 내 곁을 미련 없이 떠나버렸어…….' 나의 주인은 생명의 영속성과 질주란 이름 아래 매번 새롭고 싱싱한 것들을 찾아 나섰다.

인간이나 타이어나 별반 무엇이 다르랴. 무생물인 타이어가 어디 처음부터 무생물로 태어났으랴. 태초를 따진다면 생물이 아닌 게 어디 있으랴. 인간의 편리를 위해 수없이 환골탈태의 과정을 거듭하였음을 모를 리 없다.

내 삶도 모체의 상처로부터 시작되었다. 내가 모체의 자궁을 빌려 열 달 동안 호의호식하다 태어날 즈음, 내 어머니에게 찢어지는 아픔과 고통을 안겨주지 않았던가. 유아기를 지나 청년이 되어 자립하기까지 또 얼마나 부모 속을 태우며 성장하였다.

타이어도 마찬가지다. 모체인 파라고무나무는 따가운 볕에서 수년을 키워진다. 그리곤 어느 즘에서 예고 없이 난도질을 당한다. 진집을 낸 그 자리에서 젖 같은 수액이 흐른다. 바로 탄성고무의 유액이다. 이것이 끝이 아니다. 그의 몸을 더욱 강하게 하려고 여러 약품을 넣어 침전시킨다. 굳어지면 유황을 섞어 탄성이 좋은 고무를 만든다. 바로 그의 탄생이다.

모체의 곁을 떠나자 날개를 단 듯 둘 다 앞만 보고 달렸다. 타이어가 도로를 질주하듯, 나 또한 성공을 위한 길 위에서 멈출 수가 없었다. 질주가 목표이며 꿈인 양, 거침없이 내달렸다. 젊은 혈기로 온 세상을 다 얻은 듯 자신만만한 시절이었다.

그러나 불혹을 넘긴 지금 내게 남는 게 무엇인가. 또 다른 나의 분신, 엄연히 개인 '나'는 아니다. 인간은 어차피 홀로 서서 고독하게 걸어가야 한다는 걸 익히 안다. 현재의 직분과 명성도 시간이 흐르면 없어질 칭호다. 힘의 원리로 상징되는 돈 또한 있는 자나 없는 자나 빈손으로 떠나가고 있지 않은가.

앞만 보고 억척스레 지내온 삶의 결과로, 여기저기 부스럼처럼 일어나는 육체의 적신호. 내 몸을 돌보라는 신호이다. 돌아보면 아무것도 이룬 것이 없다. 물불 가리지 않는 질주의 삶은 역시 부질없는 짓이다. 평범한 진리를 곁에 두고 그걸 깨우치는 데 내게는 적잖은 세월이 필요했다.

아마도 폐타이어가 초장에 반기를 든 이유일 게다. 내 삶처럼 제 육신이 마모되는 줄 모르고 도로를 활보하였다. 까칠한 주인의 성정에 맞추느라 얼마나 애를 태웠을 것인가. 결국, 목숨 줄인 '속도'를 잃고 버려진 자신의 모습, 바라던 종말은 아니었으리. 거기 울타리로 버티며 화려한 거리를 바라보다 '한때는 나도 잘나가던 시절이 있었다.'고 자신을 위로하겠지. 내가 추억을 회상하듯 폐타이어도 종종 거칠게 속도를 내던 그 시절이 그리울 것이다.

만약 타이어가 궤도를 이탈한다면 어찌 되었을까. 아마도 주인의 목숨은 경각에 달리겠지. 아니다. 그런 시도조차 하지 않았으리라. 주인의 생명이 제 목숨인 양 숙명처럼 여겼으니까. 그런데 난 내가 주인인데, 지금 무엇이 두려워 주춤거리는지. 시행착오를 반복해도 별 지장은 없다. 설령 낯선 길로 들어선다 해도 이내 제자리를 찾아 돌아올 수 있기 때문이다.

가정과 직장을 위해 헌신하는 길만이 나를 위한 길인 줄 알았다. 정도의 길이라 믿으며 맹목적으로 달려갔다. 질주할수록 가슴은 늘 헛헛하게 느껴질 뿐, 내 삶에도 변화가 필요했다. 그러다 '질주'만이 삶 전부가 아니라는 걸 깨우쳐 준 것이 문학이었다. 한유한 궤도이탈, 전업 외에 한눈팔기가 시작된 것이다. 문학 길로 깊어질수록 그 묘미란 이루 말할 수가 없다. 아마도 나의 미래는 마냥 외롭지는 않으리라.

폐타이어로 엮은 울 담, 아무리 둘러봐도 썩 괜찮은 울타리다. 검은 원형의 모습으로 스치는 사람들의 관심을 유도한다. 일부에선 폐타이어는 환경의 적이라고 말하나 생각을 달리하니 멋진 담으로 활용되고, 어느 찻집에선 탁자로도 사용되고 있다. 매일 이용하는 운동장의 바닥 또한 그대의 무릎 보호를 위해 기꺼이 가루가 되어 희생하고 있다. 모든 만물은 흙에서 나고 자라고 흙으로 되돌아간다는 걸 타이어는 암시하는 건 아닐까?

'거기 나에게 심취해 서성이는 여자여, 아낌없이 주는 타이어를 들어본 적 있긴 한가?' 말풍선 터지는 소리에 화들짝 상념에서 깨어난다. 타이어는 변신의 귀재였다. 그러나 난 불혹을 넘기고 기운 잃은 듯, 주춤주춤 되짚어가는 양 모든 일이 망설여진다. 나도 화려한 변신을 꿈꾸고 있잖은가. 주춤거릴 순 없다. 다시 세상 속으로 거침없이 뛰어든다.

《월간문학》 2008년 5월호

양푼예찬

가스 불에 찻물을 올립니다. 그의 온몸은 금세 열이 펄펄 끓어오릅니다. 주위에서 무어라 저지할 틈의 여유도 주질 않습니다. 파란 불빛 하나에도 그는 온몸을 푸르르 떱니다. 그의 파편이 여기저기에 투명한 자국을 남깁니다. 마치 붉은 깃발을 향해 저돌적으로 달려가는 성난 투우 같아요. 머지않아 파란 불빛과 함께 싸늘히 식어갈 체온을 염두에 두지 않지요. 하나만 알고 둘은 모르는 우직한 바보랍니다. 그런 그의 무모한 열정이 꼭 내 모습과 흡사해 이따금 두려워지기도 합니다.

그의 집엔 늘 손님들이 북적거립니다. 주인은 차 한 잔을 대접하고자 그를 찾아 빠르게 찾아 나섭니다. 그는 국그릇 두 배 크기에 겉과 속은 한 가지 빛깔인 황금색입니다. 그러나 연륜은 못 속이지요. 가장 평평한 자리인 배가 얼룩덜룩 검은 회색빛이 감돌아 목리문처럼 빗금이 수없이 그어졌습니다. 나는 빛이 바랜 '양푼'입니다. 온데 상처투성이가 난 누런 그릇을 의식 없이 손으로 낚아챕니다. 이젠 부끄러운 줄도 몰라요. 십수 년 전, 어수룩한 어린 새댁이 아니랍니다. 살림의 묘를 부릴 줄 아는 아줌마로 세월 속에 서 있으니까요. 거기 그렇게 서 있어도 이젠 그와 썩 잘 어울립니다.

스테인리스 주전자가 찬장 턱에 올라앉아 울상입니다. 날렵하고 윤이 나는 삼각 스테인리스 주전자 위로 먼지가 뽀얗게 앉았습니다. 누구도 관심을 두지 않아 더욱 외롭답니다. '차라리 날 식구로 만들지나 말든지' 그의 볼멘소리가 들리는 듯합니다. 우리 집에서 양푼은 다른 소품들의 질투의 화신이지요.

결혼하여 시골로 들어가 시어머니와 함께 살 때의 꼭 내 모습과 어쩜 그리도 닮아 보입니까. 퉁퉁 부은 볼멘소리로 안달했지요. 하늘하늘 꽃무늬가 들어간 하얀 도자기 그릇은 내놓을 수가 없었답니다. 연일 땔감을 베어다 아궁이에 불을 지펴 가마솥에 밥을 하던 시절이었으니까요. 그을음 때문에 혼수로 가져간 모양새가 나는 그릇은 자리할 수가 없었습니다. 아궁이 불씨가 사윈 뒤에는 검게 그을린 부엌과 그릇을 닦느라 쪼그리고 앉아 한나절은 소비했습니다. 양푼을 윤이 나게 닦은 덕분에 젊은 새댁의 허리와 손목이 쿡쿡 쑤셔와 남몰래 눈물을 흘린 적도 많았답니다.

시어머니에게 양푼은 소중한 그릇입니다. 하루도 손아귀에서 벗어나질 않았답니다. 작은 양푼에 보글보글 라면을 맛나게 끓이기도 했고, 찻물을 올리기도 했지요. 나물을 살짝 데쳐 감칠맛 나게 무치는 용기로 두루두루 애용하기도 하였답니다. 처음엔 다용도로 쓰이는 양푼을 이해하질 못했습니다. 어린 새댁은 무시로 깔끔한 체하는 성격이었지요. 찌그러지고 볼썽사나운 양푼에 마구잡이로 끓이고, 볶고 위생적으로 청결하지 못하다고 느꼈습니다. 새댁은 볼멘소리로 하루빨리 깨끗한 아파트로 이사를 하고 싶다며 투정을 부렸답니다. 마음속으로 수없이 기와집을 그렸지요. 깨끗한 입식 부엌에 하얀 도자기 그릇을 내놓고 아기자기하게 생활하는 행복한 주부의 모습을 말입니다.

일 년 후, 학수고대하던 아파트로 둥지를 옮겼습니다. 가족들과 일방적인 상의로 양푼을 모두 버렸는데, 한 녀석이 시어머니를 따라왔습니다. 그런데 이게 웬일입니까? "제 버릇 남 못 준다고 했던가요?" 그 습관을 제가 버리질 못했습니다. 스테인리스 주전자를 한두 번 사용하다가 원 상태로 돌아가 있는 저 자신을 발견합니다. 어느덧, 양푼에 길들었나 봅니다. 아니, 생명도 없는 그 녀석에게 정이 담뿍 들었던 겁니다. 옛 것이 무조건 나쁘고 불편한 것만이 아닌 듯합니다. 요즘은 실용성을 고려하지 아니한 겉포장을 중시하는 풍조가 대단합니다. 그래요. 속 빈 강정처럼 겉모습만 호화스러운 것들이 많은 시대랍니다.
 사람도 마찬가지입니다. 빈 수레가 요란하듯 내실이 없는 사람이 겉으로 드러내길 좋아합니다. 자신을 드러내지 않는 어느 한 시인의 말씀이 가슴속에 떠오릅니다. 돌石보다 옥玉이 더 많은 시대랍니다. 사실, 올바른 나를 지키기가 참으로 어렵습니다. 시시때때로 주변의 것들이, 다채롭게 다가옵니다. 제가 사는 이 시대는, 유혹이 참으로 많습니다. 허욕과 물욕을 찾아 불나방처럼 날아듭니다. 화려한 불빛을 쫓다 자신의 일부분이 타들어 가는지도 모른 채 말입니다. 결국, 날개를 잃고 바닥에 고꾸라져 안간힘을 씁니다. 비로소 후회의 눈물을 흘려도 이미 때는 늦었습니다. 똑같은 후회를 하지 않도록 이제부터라도 충실히 내면을 가꾸어야겠습니다. 겉과 속이 같은 양푼처럼 말입니다.
 얼마 전, 백화점 쇼핑을 하다가 양은냄비를 만났을 때 얼마나 반가웠는지 모릅니다. 아쉽게도 아이들 간식값도 못하는 가격을 달고 있었습니다. 높게 쌓인 것이 그의 진가를 모르는 듯합니다. 젊은 새댁들이 알 리가 만무합니다. 아마도 그의 진가를 몰라도 이건 알 것입니다. 쉬이 식어버리는 짧은 사랑을 말할 때, 양은 냄비 같은 사랑이라 빗대어 놀립니다. 그래서 은근히 양은 냄비가 푸대접을 받는지도 모릅니다. 하지만 그가 인간에게 주는 실용성을 논한다면 함부로 말할 일이 아닙니다. 늙은 새댁은 뚜껑 없는 양푼이 아쉬워 욕심을 부립니다. 단돈 이천오백 원으로 남모르는 주부의 행복을 삽니다.

한여름 별미인 시원한 콩국수를 말기 위해, 국수가 붙지 않도록 후루룩 삶아냅니다. 꼬들꼬들하게 아이들이 좋아하는 라면도 끓여줍니다. 지인들과 양푼에 열무김치와 고추장을 한 숟갈 넣어 비빔밥을 만들어 정을 나눈 후, 입가에 고추장이 묻어도 흉보지 않는 허물없는 사이로 거듭나고 싶습니다. 그들과 단순하며 어렵지 않은 글, 모든 것을 요리할 수 있는 가슴 큰 양푼처럼 편안한 글을 나누고 싶습니다.

설거지를 마친 후, 구수한 커피 한 잔이 간절한 시간입니다. 식구들이, 특히 시어머니가 양푼에 찻물을 올리는 무던한 새댁을 보고 미소 짓고 있어요. 괜스레 지난 일이 그려져 얼굴이 늦가을 홍옥처럼 붉어집니다.

《e수필》 2008년 봄호

교두각시

그녀의 변신은 끝이 없는 성싶다. 변신은 무죄라 하였던가. 누구처럼 명맥을 유지하기 위한 삶이 아니라는 걸, 그의 위치와 다재다능함이 말한다. 오래전 자신의 공功이 가장 크다고 주장하던 그녀의 모습은 아니다.

예전 교두각시의 잘난 체하는 목소리가 귓전에 들리는 듯하다.

"척부인아, 그대 아모리 마련을 잘한들 버혀 내지 아니하면 모양 제대로 되겠느냐. 내 공과 내 덕이니 네 공만 자랑 마라."

척부인에게 던진 교두각시의 주장이다. 규중칠우쟁론기閨中七友爭論記, 침선針線에 필요한 일곱 가지 용구를 의인화한 작품 일부분이다. 모두 자신의 공치사를 장황히 펼쳤지만, 결국 감투할미가 나서서 공적을 무산시키는 걸로 말미를 맺고 있다.

그러나 역시 길고 짧은 건 대보아야 하는가 보다. 유구한 세월이 흐른 지금 그녀의 주장은 헛말이 아니었다. 21세기를 사는 후인인 내가 그녀를 즐겨 찾고 손에서 놓을 수 없으니 인정하는 바가 아닌가. 교두각시는 인간 세상에서 자신의 자리를 굳건히 지키고 있다.

교두각시가 돋보이는 건, 상대적인 면도 없지 않으리라. 현재 벗(칠우)의 일상과 근거지를 보자. 요즘 어느 여인이 집안에 앉아 한가로이 바느질하던가. 그러니 세요각시細腰閣氏(바늘), 척부인尺夫人(자), 청홍흑백각시青紅黑白閣氏(실), 화낭자火娘子(인두), 감투할미(골무)가 세월 저편으로 소리 없이 사라지거나 거치적거린다는 이유로 골방에 갇힐 수밖에.

그나마 집주인이 한가하여 마음먹고 티셔츠의 주름을 잡는 날, 울낭자娘子(다리미)에게 가뭄에 콩 나듯 콧바람을 쐬는 날이다. 이 모두가 편안한 삶을 원하는 사람들의 욕구 충족을 위하여 세탁소가 생기면서, 자연스레 그들을 멀리하게 된 이유일 것이다.

쇠의 두 개의 날을 엇걸어 만든 가위. 그리스 신화에 나오는 운명의 여신 아트로포스(Atropos)의 표지이며, 생명과 죽음이라는 양면적인 상징성을 지닌다. 서구에선 양털 깎는 기구로 주로 사용되었단다.

가위가 우리나라에 전해진 시기와 작자는 정확히 알려지지는 않는다. 여하튼 가위는 집안에선 여인들의 바느질 소품으로 없어서는 아니 될 물건이다. 지금은 구경도 어려운 일이지만, 엿장수의 손가락에 끼여 엿가락이 뚝뚝 잘리던 모습이 아직도 선명하다. 여러 용도로 사용된 걸 보면, 일상에 꼭 필요한 물건이며 시대 변화에 잘 적응한 물건임이 틀림없다.

교두각시가 진가를 발휘한 시기는, 아마도 여인네의 눈에 띄면서부터가 아닐까 싶다. 옛 여인들이 가까이하던 규중칠우 중 하나로 옷 짓는 일을 도우면서일 것이다. 이즈음 '교두각시'란 어엿한 칭호와 문자로 기록되는 영광을 얻었다. 스치는 세월에 흔적 없이 사라진 물건이 어디 한둘이랴. 변화를 거듭하였기에 고물상이나 나프탈렌 냄새가 풀풀 나는 어두운 장롱 속에 던져지지 않고, 일상에 꼭 필요한 이로 자리를 잡았지 않았나 싶다.

우리 앞에 하루가 멀다고 간단 편리한 제품들이 쏟아지고 있다. 제품의 수명이 한 세기를 넘어 장수한다는 건 대단한 일이다. 가위가 안방에서 옷가지만을 주물렀던 게 아님을 바로 보여준다. 입안을 달콤하게 녹이던 엿장수 아저씨의 생계형 손놀이개로, 집안을 환히 밝히는 꽃꽂이용 전지가위로, 무엇보다 각종 행사장에서 사업의 첫 시작을 알리는 장소에서 화려하게 금장한 모습을 기억한다.

본디 가위는 옷감, 종이, 머리털 따위를 자르는 기구라 사전에서 명명했다. 여기서 '따위'란 단어에 관심을 둘 일이다. 사전풀이 내용이 전부가 아니기 때문이다. 그녀의 잡다한 용무 중 이보다 더 놀라운 변신은, 교두각시가 규방에서 일탈하여 우리의 양식을 요리하는 부엌으로 전면 등장한 일이다. 전문 직업인 요리사가 아니어도 주방에는 음식을 만들고자 필요한 칼이나 각양각색의 조리기구가 얼마나 많은가. 가위는 파나 고추 같은 채소류와 미역이나 김 등 해조류를 소소하게 자르거나 다듬기에 편리하다는 점에서 그녀의 숨은 매력을 발산하고 있다.

오늘도 습관처럼 가위를 잡는다. 된장국을 끓이고자 풋고추를 싹싹 자르고 물통에 던져놓는다. 물이 튀는 순간, 뇌리에 번뜩 스치는 허난설헌의 〈추야사秋夜詞〉다. "물시계 소리는 낮아지고, 등불은 반짝이니 / 비단 휘장은 차고, 가을밤은 깊어라 / 변방 옷을 다 지어 가위는 차가운데 / 창에 가득 파초 그림자가 바람에 흔들리네." 옷을 지은 지 오래되어 가위가 차가워졌다고 읊는다. 임을 학수고대하는 그 마음을 가위에 비유했으니 얼마나 절묘한가. 어쨌거나 하필 그때 내로라 하는 여류시인의 명시가 떠오를 게 무엇인가. 그녀를 마구 다룬 나의 손을 부끄럽게 한다.

모든 것을 젖혀두고 교두각시를 곁에 두고 연방 찾는 걸 보면, 역시 팔방미인이다. 우리집 주방 핵심에 터를 잡고, 흔들림 없이 버티고 있다는 걸 나조차 몰랐다. 현세에 머무는 나의 교두각시는 수많은 요리 도구 중, 없어서는 아니 될 물건이다. 날렵한 칼보다 가위를 더 많이 애용하는 시어머니와 나에겐 어느 것보다 소중한 요리 도구이다. 그녀의 변신에 큰 박수를 보낸다. 이만하면 그의 공功을 두고두고 치하할 만하지 않은가.

교두각시는 예전이나 지금이나 인기가 대단하다. 그녀의 인기가 언제까지 이어질지는 아무도 모른다. 이제 칠우의 팽팽한 공적 다툼을 매듭지으련다. 약삭빠른 감투할미를 제치고 교두각시의 손을 번쩍 들어주고 싶다. "교두각시, 자네 공功이 가장 크다."라고. 그녀의 향기로운 탄성이 들리는 듯하다. "싹둑싹둑, 싹싹, 잘가당 잘가당, 삭삭……."

《수필세계》 2010년 겨울호

맥놀이

천 년을 고이 잠든 듯 침묵하는 성덕대왕신종이다. 장중한 기품을 간직하고 있지만 잔혹한 전설을 안고 있다. 수많은 이가 범종을 찾지만, 종소리를 들어본 사람은 없을 듯싶다. 혹여 비극의 종(에밀레종)이라 불려 종은 서러운 묵언을 고집하는지도 모른다.

범종의 모습을 보고자 경주로 달려가는 건 내 위치에선 무리였다. 그런데 얼마 전 하루를 꼬박 걸려 종각 앞에 설 기회가 있었다. 손을 내밀어 종의 몸을 어루만질 순 있으나 정작 소리를 들을 수 없어 안타까웠다. 상황이 이러한데 성덕대왕신종의 육중한 몸통과 소리가 따로 존재한다면, 사람들은 어떤 표정을 지을까 궁금하다. 뜬금없는 소릴 한다며 눈을 치켜뜰지도 모를 일이다.

범종을 재현하여 그 소리를 보고 들을 수 있는 종박물관이 멀지 않은 곳에 있었다. 종의 역사와 종소리를 탐구하고 종의 진가를 알리는 명장이 있어 자랑스러웠다. 괜스레 내 마음이 헛헛하여 일이 손에 잡히지 않을 때나, 내 영혼을 울리는 종소리가 그리워지면 그곳을 이따금 찾아들곤 했다.

진천종박물관은 버튼 하나로 시대별 종의 역사와 종소리를 구분하여 들려준다. 세계 여러 나라 종을 비교하여 들을 수 있다. 내가 좋아하는 종소리 버튼을 누르고 두 눈을 감는다. 이어 "댕~" 성덕대왕신종의 웅근 소리가 세상의 경계를 무너뜨린다. 울림의 파고는 하늘과 땅, 만물을 깨워 하나가 되는가. 맑디맑은 종소리는 커졌다가 점점 가늘어진다. 끊길 듯 끊길 듯, 가늘어졌다가 은은한 여운을 남긴다. 주위가 고요하다. 감았던 눈을 뜨니 내 영혼을 흔들던 종소리의 흔적은 어디에도 없다.

그러나 아직도 나의 귓바퀴 안에는 그 울림이 살아있다. 이내 나를 알 수 없는 공간에 가둔다. 울림의 비밀을 풀기도 전에 슬픔이 파도처럼 밀려든다.

"에고, 에고, 에고……."

상주의 곡소리는 애절했다. 그 애통함이 나의 피돌기를 빠르게 움직여 억누르고 있던 슬픔을 흔들었다. 눈물이 핑 돌아 상주의 얼굴을 바라볼 수가 없었다. 어눌한 표현이지만 동료의 슬픔을 어루만져 주고 싶었다. "어찌 위로의 말을 해야 할지 모르겠습니다." 하며 고개를 들어 상주의 얼굴을 보니, 그의 눈에서 닭똥 같은 눈물이 뚝뚝 떨어졌다. 이내 나의 눈시울도 뜨거워졌다.

나는 상주와 고인에 관한 이야기를 나눈 적이 없다. 그분이 어떤 병으로 어떻게 돌아가셨는지 그 자리에서 들었을 뿐이다. 그저 동료가 삼 형제 중 막내여서 고인과 각별한 정이 들었을 거라고 짐작해본다. 그런데 생면부지의 고인 앞에서 마음의 동요가 일었고 함께 슬퍼했다. 내 눈물의 의미는 고인에 대한 애도의 뜻을 표하는 정도, 그것만은 아니었다. 상가를 들어설 때부터 펼쳐진 광경이 무언가 달랐다.

그들이 차려입은 상복 또한 고인에 대한 예禮를 다하고 있었다. 빈소에 멍석이 깔렸다. 대나무 지팡이를 짚고 요질을 두른 고개 숙인 상주가 보였다. 여인들은 삼베 치마에 짚신을 신고 어석거리며 분주히 움직였다. 무엇보다 내 마음을 울린 건 상주의 곡소리였다. 그리 애절하게 통곡하는 모습은 처음이었다. 요즘 도시에서 볼 수 없는 낯선 안동의 장례였다.

상주의 곡소리엔 깊은 울림이 있었다. 그 여운은 겉 다르고 속 다른 내 마음을 들킨 양 무량 부끄러워졌다. 평소 나의 조문은 상주와 함께 진심으로 슬퍼하기보단 그저 예禮를 갖춘 정도였다. 돌아보니 나도 모르는 사이 상주 앞에서 애써 슬픈 표정을 보이려고 강울음을 짓지 않았나 싶다. 궂은일을 간편하고 빠르게 치르는 도시인의 습성에 나도 물들어 가고 있었다.

어떤 이들은 안동의 장례 문화를 보고 형식에 얽매인 거 아니냐며 꼬집을지도 모른다. 나 또한 상가 대문을 들어서며 그 생각을 버리지 못했으니까. 그러나 그들의 전통을 이어가는 모습과 고인을 진정으로 위하는 모습은 종소리처럼 깊은 여운을 남겼다. 그리고 돌아오던 길에 먹었던 토속 음식 헛제삿밥 또한 내겐 두고두고 잊히지 않는 특별한 경험이었다.

얼마 전, 성덕대왕신종 종소리에 여운의 비밀을 풀었다. 세계 여러 나라 종소리와 남다른 점은 맥놀이 현상이다. 그런데 선인은 천여 년 전 이미 맥놀이의 원리를 깨치고 제조하였으니 놀라운 일이 아닐 수 없다. 범종의 은은한 여운은 진동수가 다른 두 음파의 간섭과 재질, 두께, 모양의 비대칭에서 온다고 한다. 후인은 이제야 그 진리를 캐낸 격이다.

에밀레종의 전설이 실화든 아니든 종소리는 으뜸이다. 내 가슴을 울렸던 곡소리도 슬픈 전설과 맞닿아서일까? 웅근 종소리와 애절한 곡소리의 울림은 다시없는 감동을 주었다. 무엇보다 말없이 범종을 만드는 장인과 장례문화의 전통을 이어가는 동료의 모습이 아름답다. 시간이 흐를수록 눈에 보이지 않는 것까지 일정한 형태로 시각화되는 느낌이 든다. 눈에 보이는 것을 쫓아다니다 지쳐 돌아온 적이 한두 번이 아니다. 내 몸의 온 감각이 열리도록 눈을 감고 귀를 열어두자. 달팽

이관을 통과한 소리 가운데, 오감을 깨워 순수한 감성으로 돌아가 자아를 찾게 한 소리가 무엇인가. 문명의 발전으로 알게 모르게 뒷전으로 밀려나 사라진 소리를 더듬어 본다.

밤의 적막을 깨트리던 다듬이질 소리와 달구지를 끄는 황소 목에 단 워낭소리가 정겹다. 그리고 고즈넉한 산사의 침묵을 깨트리는 풍경 소리도 좋다. 그 소리를 매일 듣고 싶어 거실 창에 걸었지만, 고유의 소리가 아니다. 역시 도시의 소음 속에선 조화와 균형을 이룰 수 없나 보다. 산사가 오솔하기에 바람에 우는 풍경 소리가 은은하듯, 같은 주파수론 깊은 여운을 줄 수 없는가.

나는 늘 디지털과 아날로그 틈에서 헤매고 있다. 현실에서 얻지 못한 것을 비대칭 속에서 얻으려 방황한다. 종소리와 곡소리엔 깊은 울림이 있다. 그 울림은 내 지친 영혼을 어루만지고 옛 물상과 문화를 다시금 돌아보게 하였다. 범종의 첫소리를 들으면 나쁜 기운은 금세 사라지고 영혼은 맑아지리라. 고요한 충만감이 온몸으로 퍼져 나간다.

계간 《에세이포레》 2009년(제54집)
《충북여성문학》 2009년(제13집)

제3부

결

결

 그의 몸을 더듬는다. 결이 참 곱다. 내가 만지고 있는 부분이 그의 허리쯤일까, 아니 아랫도리일까. 어디를 만진들 어쩌랴. 내 곁에 존재하는 것만으로도 마냥 좋다. 그의 몸뚱이를 손으로 위에서 아래로 천천히 어루만진다.
 몸을 쓰다듬다 욕심이 더한다. 그의 마음을 읽고 싶은 거다. 그를 품에 안아 숨결을 느끼고 싶다. 그러나 품이 하도 넓어 끌어안는 시늉만 한다. 표면적이 넓은 그의 속내를 알려면, 상당한 시간이 필요할 듯싶다. 작가에게 그의 간단한 이력을 들었으나, 그것으론 나의 성이 차지 않는다.

 작가가 알려준 그의 이력을 되새겨본다. 그의 이름은 금강소나무, 나이는 백여 살로 추정한다. 태어난 곳은 강원도 영월 부근, 생을 다한 날은 오 년 전 태풍으로 쓰러졌다고 한다. 내 추측으로는 동네를 수호하는 지킴이였거나, 사람 손이 거의 닿지 않는 곳에서 자란 것 같다. 그렇지 않으면 이렇듯 웅장한 나무로 존재할 리가 없다. 작가는 제재소에서 그를 넘겨받은 후 산에다 5년간을 박아두었단다. 그리고 수년간 눈과 비를 맞히며 작품이 될 수 있는 재목인가를 가늠했으리라.

표면이 여러 빛깔이다. 특히 겉면 가까이 거무죽죽한 부분이 눈과 비를 맞힌 증거란다. 보기 좋은 무늿결의 색감엔 작가의 인내심도 한몫했으리라. 작가가 그를 성급히 다루었다면, 농도 깊은 결의 색감을 볼 수 없었으리라. 어쨌든 작가의 손안에서 멋진 작품으로 변신하여 나에게 온 것이다.

이 미터가 훨씬 넘는 장신의 몸태는 어디를 봐도 멋스럽다. 탁자는 나무끼리 덧댄 부분 없이 자연 그대로 짜맞추어 더욱 돋보인다. 윗부분은 굴곡이 거의 없고, 밑 부분으로 내려갈수록 약간의 굴곡이 있다. 탁자로 탄생시킨 작가는 물고기형이라 말한다. 무늿결은 물 흐르듯 곱고, 나이테는 일부러 세어보기엔 그 수가 많다. 까맣게 옹이진 부분도 몇 군데 보인다. 큰 상처가 있었다는 흔적이다. 백여 년을 살아내며 어찌 고난이 없었으랴.

그의 결을 매만진다. 옹이 주변으로 결과 결 사이, 가늘고 넓게 벌어진 공간. 그 간격이 나무의 삶을 대변한다. 나이테는 나무가 살아온 생애를 보여준다고 한다. 옹이 또한 지내며 무수한 시련을 겪었음을 의미한다. 편안한 삶을 살아왔다면 결의 간격이 이토록 좁지는 않았으리라.

마지막 탁자의 모습이 훌륭한 변신이던가. 수령이 백 살인 소나무가 성성했던 시절을 상상하면 안쓰럽기 그지없다. 그가 내 품에 들어 반갑기는 하나 욕심을 부린 것은 아닌가 하고 나의 행적을 되짚게 한다.

인간도 나무처럼 그 사람만의 마음의 결이 있으리라. 그가 살아온 행적에 따라 그의 결은 다르리라 본다. 결은 그의 겉모습만 보고 '잘났다, 못났다'고 가늠할 수는 없으리라. 그러나 내로라하는 지성인은 누가 봐도 알잖는가. 무엇보다 자신을 제일 잘 아는 사람은 본인이니 자신을 속일 수는 없으리라. 그리 생각하니 고개가 절로 숙어진다.

나는 성격이 급한 편이다. 거기다 고집 또한 대단하다. 지난날 내가 옳다고 여기면 물불을 가리지 않고 일처리를 강행하였다. 과정이 어떻든 무시하고 좋은 결과만 나오면 되지 않느냐는 생각에 부작용도 일었다. 나이가 들며 과정도 결과만큼 중요하다는 걸 알게 되었다. 어떤 일이든 사람이 하는 일이고, 결과가 어떻든 조직원이 함께 호흡해야 한다는 걸 깨달은 것이다.

돌아보면, 살면서 알게 모르게 다른 이에게 상처를 주고 또 상처도 받았으리라. 그 과정에서 나 또한 마음의 상처를 입고, 나무의 옹이처럼 파이기도 했을 것이다. 그러나 그 결을 만들고 지키는 사람은 바로 나 자신이다. 어느 시인의 시구처럼 흔들리지 않고 크는 나무가 어디 있으랴. 인간도 나무처럼 역경을 딛고 성장해야 강인한 정신의 소유자로 거듭나리라.

먼 훗날 나도 그처럼 멋진 결을 지니고 싶다. 작품의 주제가 '깨우침'이란다. 물고기 모양의 탁자는 산사 추녀 아래 걸린 풍경이 지닌 의미와 맞닿는다. 부단히 정진하라는 경책이다. 결의 진리를 조금씩 깨달아 가는 난, 이제야 그와 진정한 동거가 시작되나 보다.

《에세이포레》 2012년 봄호

춤추는 처마

삼층 석탑을 둘러보고 계단을 내려가던 중이었다. 내로라 하는 건축물이 한눈에 들어온다. 안양루는 왼편에, 무량수전은 오른편에 세로로 자리한다. 내 시선은 인파로 가득한 마당을 벗어나 무량수전 지붕에 닿는다. 순간 지붕 선이 위로 움직이는 듯한 느낌이 든다. 긴 줄이 하늘로 치솟았다가 땅에 닿는 느낌이라고 말할까. 처마 끝 추녀의 앙곡이 급하게 미끄러져 마치 긴 줄넘기를 할 때처럼 출렁이는 듯했다.

무량수전 마당에서 지붕을 바라보면 보지 못할 곡선이다. 건물보다 더 높은 곳에서 지붕을 바라봐야만 볼 수 있는 부드러운 선이다. 망새 하나 치장하지 않은 소박한 지붕과 비가 들이쳐도 맞지 않을 정도에 뜨락을 끌어안은 넉넉한 처마다. 대부분 기와지붕 처마는 일직선이지 않던가. 내가 본 처마의

선은 춤을 추는 듯한 곡선이었다. 그 독특한 처마 선에 매료되었다.

부드러운 곡선의 지붕을 올린 장인은 아마도 배포가 큰 사람이었을 것 같다. 저 정도의 곡선을 보여주려면 보이지 않는 이면에 공을 꽤 들였으리라. 언뜻 보아도 무거운 지붕이 내려앉지 않도록 보강에 신경 쓴 점이 보인다. 과연 그는 무거운 기왓장을 한장 한장 천장으로 올리며 머릿속에 무엇을 그렸을까.

시간이 흐른 뒤에도 생각의 꼬리를 물고 놓아주질 않는다. 장인의 생각은 둘째이고 나는 왜 처마 선을 보고 긴 줄넘기가 떠올랐을까. 아무래도 나의 약점이 떠올라서 그런가 보다. 나는 별것도 아닌 것에 가끔 무섭증이 인다. 내가 긴 줄넘기를 무서워한다고 말하면, 지인은 크게 웃으리라.

얼마 전 아들이 다니는 학교에서 부모와 함께하는 체육대회가 열렸다. 경기 종목 중에 긴 줄넘기가 있었다. 평일이다 보니 한 반에 부모가 한두 명밖에 참석하지 못하여 전원이 선수로 뛰어야만 했다. 선수는 운동장으로 빨리 나오라고 방송하는데 나는 용기가 나지 않았다. 줄넘기 줄에 발이 걸리는 상상이 자꾸 그려졌다. 결국, 주저하는 사람은 제쳐놓고, 운동장으로 달려나갔다.

긴 줄을 양쪽에서 잡으니, 드디어 줄이 움직이기 시작했다. 반쪽 타원형을 길게 그리며 출렁였다. 한 선수가 머리로 박자를 맞추며 줄 안으로 뛰어들었다. 이어 두 명, 세 명… 여덟 명이 줄 안에 들었다. 다들 호흡을 맞춰 숫자를 외치며 한 고비 두 고비… 신기할 정도로 출렁이는 줄에 걸리지 않고 긴 줄을 잘 넘었다. 모두 하나가 되었다.

줄은 하늘로 땅으로 꿈틀거리며 춤을 췄다. 그들의 모습은 누가 봐도 일품이었다. 용기가 없는 난 그들에게 부러운 시선을 보내며 함께 숫자를 불러줄 뿐이었다. 비록 우리 팀이 졌지만, 함께했다는 것만으로도 충분히 감격하였다. 처음 보는 어머니들이었는데 언제 그랬냐는 듯 서먹함이 없어졌고, 호흡을 가다듬으며 정겨운 대화가 이어졌다.

긴 줄넘기 줄처럼 무량수전 처마 밑은 많은 이를 품고 있다. 마당에는 관람객이 발 디딜 틈 없이 북적이고, 처마 아래서 아이들이 아예 자리를 펴고 앉아 더위를 식히고 있다. 어떤 이는 배흘림기둥을 신기한 듯 매만지거나 기대어 서 있다. 나는 인파 덕분에 제대로 구경도 못 한 채 석탑으로 오른 것이다. 그 바람에 독특한 처마 선을 마주하게 되었으니 선물을 받은 것이나 다름없다.

기와지붕을 카메라에 담아 와 보고 있다. 역시 처마는 춤을 추는 듯, 착시를 일으키게 한다. 곡선은 긴 줄넘기할 때 줄처럼 유연성이 엿보인다. 줄에 걸려 넘어질까 봐 마음 졸이며 한 고비 두 고비 넘는 것이 꼭 우리의 인생 고개와 비슷하다. 처마의 선은 독불장군처럼 힘겹게 살아온 나에게 주위를 돌아보며 그들과 함께 걸어가라는 것 같다. 장인은 아마도 처마에 우리가 알아야 할 처세의 이치를 더하지 않았나 싶다. 다시금 지붕선을 바라보며 내 삶을 은근히 짚어본다.

곡선은 직선보다 많은 것을 내포한다. 휘돌아지는 산길이 그렇고, 구불구불 휘어진 성곽길이 그렇다. 바닷가 경계를 알리는 긴 타원형의 해안선은 또 어떤가. 굳이 말로 하지 않아도 우리는 보는 것만으로 느낄 수 있다. 밋밋하게 뻗은 직선보다 할머니의 버선코처럼 유연하게 치켜 올라간 곡선이 좋다. 그 안에는 분명히 무엇인가가 있다. 그것에서 분명한 답을 얻지는 못했지만, 나를 정화하는 강력한 무엇이 있다.

사유를 거듭하며 무량수전 지붕을 바라보니 더욱 돋보인다. 사진 속 처마가 느리게 움직이는 듯하다. 반원을 그리며 내가 들어오기만을 기다리는 것 같다. 어느새 두려움도 조급함도 사라지고 담담해진다. 이제 내가 들어갈 차례다. 그 안으로 성큼 들어선다. 세상과 하나가 된다.

《에세이문학》 2012년 봄호

주령구 酒令具

 살면서 뜻대로 이루지 못한 일이 여럿이다. 그중 하나가 술이다. 사람의 체질에 따라 다르다고 하지만, 술을 순순히 받아들이지 않는 내 몸을 탓한 적도 있다. 이젠 노력해도 안 된다는 걸 깨닫고 체념에 이른 상태이다. 술을 억지로 끌어안자니 몸과 정신이 망가져 대신에 그 자리의 분위기를 띄우기로 작정한다. 그러나 맨정신에 흥을 돋우는 것도 한계가 있다.
 얼마 전 안압지에서 해설사의 손안에 든 주령구를 보고 '아, 이거다.' 하며 무릎을 탁 쳤다. 임금과 귀족들이 연회를 치르며 술자리에서 흥을 돋우던 놀이 도구이다. 주사위처럼 생긴 목각 도구는 14면체고 면마다 흥겨운 벌칙이 숨어 있다. 요즘처럼 술잔을 비우자마자 의무인 양 술을 따르고 권하는 문화가 아니라, 주령구를 굴려 함께한 이들이 어울릴 수 있도록 화기애애한 자리를 만든 것이다.

나는 오랜 직장생활에 회식 자리도 수없이 가졌다. 이런 자리에 술은 빠지지 않는 존재이다. 부서 간의 서먹함과 상하 간의 마음을 터놓기엔 술만 한 것이 없다고 한다. 술잔이 한 순배 두 순배 쉴 새 없이 돌아가고 밤은 깊어간다. 누군가는 술집이 제집인 양 정신을 놓고 쓰러져 자기도 한다. 어떤 이는 술에 취하여 코맹맹이 소리로 자신의 속마음을 털어놓기도 한다. 또 누군가는 술을 이기지 못하여 아무데나 토악질을 해대니 차마 볼 수 없는 장면을 들키고 만다. 그 모습을 버르집고 나서는 사람은 없으나 그의 술버릇을 알리는 꼴이 된다.

술버릇을 비난하려는 것이 아니다. 나는 이런 술자리 문화가 못마땅하다. 남성들은 대부분 회식자리에 앉자마자 폭탄주를 권한다. 이른바 '소맥', 맥주잔에 소주를 두 컵 정도 부은 후에 그 위에 맥주를 가득 붓는다. 그 잔을 단숨에 비우는 행위를 좋아한다. 상대가 술에 곯아떨어질 때까지 술잔은 계속 돌아간다. 술에 강한 사람이나 버텨날까, 나 같은 사람은 한 잔 술에 취하여 정신없이 엎어지기 일쑤다. 이럴 땐 주체가 사람이 아닌 술을 위한 자리인 것처럼 바뀌어 있다.

그리 보면, 현대판 술 문화는 예전보다 무료하고 재미가 없다. 1300년 전에 개발된 주령구 14면체에 적힌 문자를 보면, 그 내용이 다양하고 재미있다. 선인은 어떻게 이런 기발한 생각을 했는지 경외심이 일 정도이다.

우리가 외치는 '소맥'이나 폭탄주에 가까운 '삼잔일거三盞一去'도 있다. 술 석 잔을 '원샷'하는 모양이다. 천 년 전에도 사람을 골탕먹이는 일에 일가견一家見이 있는 성싶다. 그러나 무지몽매하게 술을 퍼붓는 것이 아닌, 그 시절엔 풍류를 즐길 줄 알았다는 것이다. '벌주 삼배' 전통의 뿌리는 깊다고 한다. 왕희지 시절에 풍류가들이 모여 곡수曲水에 띄운 술잔이 돌아올 때까지 시詩를 짓지 못하면 벌주를 받은 데서 유래한 것이라 하니 말이다.

어디 그뿐이랴. 차마 대놓고 웃지 못할 벌칙이 '중인타비衆人打鼻, 여러 사람이 코 때리기'이다. 요즘은 너나없이 예뻐지고자 코를 높이는 시대라, 과연 마음대로 코를 때릴지는 겪어보아야 할 일이다. 재미로 코를 때려 콧대가 무너지기라도 한다면…. 그 다음 일은 상상에 맡긴다.

경제가 어려우니 인심이 점점 각박해지는 듯싶다. 동료 간에도 보이지 않는 알력이 보인다. 동료 사이가 자연스레 좋아질 수 있는 해결책을 주령구에서 찾아본다. '유범공과有犯空過—덤벼드는 사람이 있어도 참고 가만히 있기'와 '농면공과弄面孔過—얼굴에 간지러움을 태워도(놀려도) 참기'이다. 어찌 보면, 벌칙이 유치해 보이기도 하지만, 소통하는 데엔 아이들 놀이처럼 순진무구한 놀이가 어디에 또 있던가.

돌아보면, 천 년 전 선인들은 자연에서 풍류를 즐길 줄 아는 마음의 여유를 가진 지식인이다. 주령구를 톺아보며 지금의 술자리 문화를 되짚어 보는 기회를 가진다. 이번 송년회에는 일방적인 회식 자리가 아닌 상대방의 마음을 읽을 수 있는 편안한 자리를 꿈꿔본다.

  연못에서 건진 주령구가 안타깝게도 불에 타서 소실되었단다. 그러나 마음속으로 도구를 바닥에 굴려 본다. 곡비즉진曲臂則盡, 동안 소원했던 그대와 모처럼 '러브샷'을 하라는 소리인가. 술 잘하는 사람처럼 폼을 잡는다.

        《에세이문예》 2012년 겨울호 '이 계절의 본격수필가'

오름, 오름, 오름

 모처럼 카랑카랑한 날씨이다. 나는 동면에 든 개구리처럼 꼼짝하기 싫은데 남편은 여행을 가자고 한다. 추운 날씨에 강바람까지 불면 얼굴은 어김없이 열꽃이 핀 듯 붉어질 게 뻔하다. 마치 식중독에 걸린 사람처럼 피부에 두드러기가 돋아 약간의 통증과 가려움이 일어난다. 그러니 어찌 마음 놓고 콧바람을 쐬러 가겠는가.
 겨울여행을 수년째 보류한 상태다. 올해는 남편에게 미안하여 어디로든 바람을 쐬러 가야 할 것 같다. 남편이 산을 좋아하니 내 몸 상태를 고려하여 여느 산행보다 수월한 제주도 오름으로 결정한다. 거친 바람도, 두드러기도 불사하기로 한다.

 나는 여왕을 만나러 성문 초입에 와 있는 거다. 오름 중에서 여왕의 칭호를 얻은 다랑쉬오름. 가파른 오름을 바라보니 설렘도 잠시 한숨이 절로 난다. 오름에 약하디약한 나이다. 산 정상에서 아래로 내려올 땐 어려운 걸 모르겠는데, 산이 조금만 높아도 호흡이 어려워 헉헉대기 일쑤이다. 그렇다고 몸에 이상이 있는 건 아니다.

비탈진 오름을 허정거리며 오르고 또 오른다. 누가 봐도 내 모습은 네 발 달린 짐승처럼 기어오르는 꼴이다. 이 오름은 여왕의 자리가 아닌가. 신하가 여왕을 만나기가 어디 쉬운가. 허리를 반쯤 숙이거나 아예 바닥에 엎드린 자세로 예를 갖추는 건 신하된 도리이다. 그러니 기어오르는 일은 당연한 일일 게다. 그리 자신을 위로하며 오르니 발걸음이 가벼워진다.

정상에 올라 움푹 팬 분화구 크기를 보고 놀란다. 그 주위를 도는 데 이십여 분이 걸린다니 둘레를 짐작할 수 있으리라. 분화구 지름이 상당하여 한 컷의 필름에 담을 수 없을 정도다. 과연 여왕의 자리는 대단하다. 자리가 자리이니만큼 바람을 피하여 앉아 은은한 홍차를 나누는 격식을 차려본다. 이내 일어나 둘레를 걷기 시작하니 바람이 휘몰아친다. 강바람에 몸이 흔들거린다. 차라리 바람에 실려 밑바닥으로 굴러가 눕고 싶다는 생각에 다다른다. 깊고 넓은 곳, 저 바닥은 드러나지 않는 어머니 품속처럼 고요하며 아늑하리라.

내 시선이 분화구 아래로 꽂힌 걸 본 남편은 어서 가자고 서

두른다. 한참을 걷자니 은빛 소사나무 숲길로 든다. 마치 나무들의 사열을 받는 듯싶다. 나무는 위로 크지 못하고 아랫도리가 도톰하며 서로 에워싸듯 몽밀하다. 바람을 얼마나 맞았는지 가지의 몸빛이 허옇게 세어 눈이 시릴 정도다. 역시 여왕의 후광은 미치지 않는 곳이 없는가 보다.

여왕을 영접하느라 긴장했던지 나는 기진맥진이다. 그래도 올라야만 한다. 다랑쉬오름 정상에서 본 아끈다랑쉬오름은 작고 아담하다. 과연 다랑쉬오름에 버금간다. 아니 축소판이다. 여왕의 딸은 공주가 아니던가. 그래, 아끈다랑쉬오름은 공주이다. 시간을 보니 점심시간이 훨씬 지나 있다. 내 주위엔 먹을거리도 먹을 곳도 없다. 결혼기념을 자축하는 여행이 아닌 극기훈련이다. 쫄쫄 굶은 상태로 공주를 알현하러 나선다.

역시 여왕을 보러 가던 길보다 가벼운 마음이다. 눈발이 뜨음하다. 유채꽃 핀 돌담을 스쳐 지나간다. 한겨울에 핀 유채꽃과 돌담의 색감은 참으로 조화롭다. 그 길로 십여 분을 오른 정상은 드넓은 억새밭이다. 어디가 분화구인지, 둘레인지 모를 정도로 억새가 지천이다. 물기를 잃은 억새는 바닥에 드러누워 하얗게 빛을 발한다. 눈이 부시다. 이 또한 바람 탓인가.

오름이 작다고 얕보았던가. 맥없이 걷다가 덩굴줄기에 발이 걸려 넘어진다. 바로 일어설 수가 없다. 부끄러워서가 아니다. 억새밭에 누우니 편안하다. 순간 무아의 상태에 든다. 무의식과 의식은 한 공간에 존재하던가. 이어 통증이 느껴진다. 카메라를 보호하느라 무릎과 팔꿈치에 육중한 체중을 실었나 보다. 맥이 풀린 것은 기운이 없다는 것, 밥 힘이 없어서다. 어서 내려가 배를 채우는 일이 급선무이다. 시장이 반찬인가. 컵라면을 이렇게 맛있게 먹어본 일은 처음이다. 라면 힘으로 세 번째 오름인 용눈이오름으로 달려간다.

용눈이오름은 용이 누운 형상이란다. 구불거리는 능선이 여인의 젖무덤처럼 부드럽고 완만하다. 완만한 곡선의 아름다움은 여유와 품위를 느끼게 한다. 무엇보다 난 오름의 기울기가 크지 않아 숨을 헐떡이지 않는다. 다랑쉬오름과는 다르게 평지를 걷는 것처럼 편안한 길이다. 느리게 걷다 보니 어느새 능선을 하나 넘고 있다.

하늘 가까이 다가간다고 느끼자 바람의 세기도 달라진다. 옆 지기의 팔을 잡지 않으면 금방이라도 날아갈 성싶다. 온몸이 산산이 부서질 듯 사납게 달려드는 바람. 바람에 맞서 나가는 일도 어렵고, 자리를 지키기도 어렵다. 바람이 잦기를 기다릴 뿐이다. 내가 바람의 세기를 수치로 표현할 수 있다면 얼마나 좋으랴. 바로 곁에 풍력발전소가 있다는 걸로 그 세기를 가늠할 수 있으리라.

오름에서 바람을 제대로 맞은 여행이다. 기어가고, 넘어지고, 내 의식이 바람에 산산이 부서진 날이다. 앞으로 내 삶에 어떤 오름이 기다리고 있을까. 자연 앞에선 날이 선 감정도 자존심도 내세울 게 아무것도 없다. 인생도 마찬가지니라. 감히 조언한다. '누구든 바람 쐬러 간다고 함부로 말하지 마라. 용눈이오름에선 그 바람에 흔적 없이 사라질지도 모르니까.'

《창작산맥》 2013년 봄호

불비상

돌의 표면을 톺아본다. 비석에 새긴 크고 작은 섬세한 조각에 감탄사가 절로 흐른다. 조각은 쇠붙이를 녹여 거푸집에 부어 만든 주물이 아닌 돌을 쪼아 새김질한 불상이다. 주물은 마음에 들지 않으면 다시 불에 녹여 활용할 수 있다. 하지만 돌은 단 한 번의 빗나간 망치질에도 되돌릴 수 없는 상태가 된다. 그러니 정을 내리치는 손짓 하나에도 세심한 주의가 필요하다.

불비상은 돌을 비석처럼 다듬어 네 면에 부처를 조각하고 발원문을 새겨 놓은 불상이다. 나는 천 년이란 시공간을 초월해 비상에 새긴 문자를 바라보며 말을 걸고 있다. 역사의 소용돌이 속에서 끝끝내 말하지 못한 한 맺힌 발원이 무엇인가.

후인은 그 궁금증을 풀고자 무진 애를 쓰고 있다. 무수한 문자와 무늬의 발원문을 돌에 새겨 넣었다니, 이 얼마나 놀라운 일인가.

비석에 새긴 간절한 염원. 천삼백 년을 거슬러 온 통일신라 시대 비상이 내 눈앞에 전시되고 있는 거다. 일전에 알아볼 수 없었던 문자의 궁금증도 풀렸단다. 과학의 힘을 입어 문자를 낱낱이 새롭게 들추고 있다. 드러난 문자가 지나간 역사를 말하고, 시대상을 반추한다니. 그리 보면 과학 문명의 발달을 탓할 수만은 없을 것 같다.

전시실엔 불비상의 실측 그림 일곱 점이 함께 전시되고 있다. 지면에 가늘고 가는 무수한 곡선이 춤을 춘다. 돌에 새긴 선의 느낌은 돌이 주는 투박함과 무게감으로 거칠게 다가온다. 그러나 종이의 여백의 미와 더불어 더 섬세하고 날렵하게 느껴지기까지 한다. 이 그림을 그린 작가에겐 직접 듣지는 못했지만, 관련자가 말하길 불비상 한 작품을 그리는데 일 년 이상 걸렸다고 들었다.

한 번 상상해보라. 완성된 작품을 보고 따라 그리는데도 이토록 많은 시간과 노력이 필요하다. 하물며 돌에 무수한 무늬를 새길 때는 얼마나 많은 시간과 정성을 기울여야 하는지 가늠할 수 있으리라. 잘 깨지지 않는 돌을 구하는 것도 과제였

결

으리라. 최초의 여성 사기장인 백파선도 고국에서 만들었던 도자기를 빚고 싶어 무진 고민을 했다고 전해진다. 일본으로 끌려간 그녀는 토질이 다른 환경이라 도자기의 상태도 같을 수 없다는 걸 깨닫는다. 마찬가지로 선인은 돌의 성질을 알았고 그들의 문화를 계승하고자 했으며, 무엇보다 후대에 그들의 염원이 전해지리라 여겼으리라.

얼마나 한이 맺히면 돌에다 염원을 새기고자 했을까. 불비상 7구의 형태와 양상을 보고 백제의 유민들의 의해 발원 조성되었다고 추측한다. 나라의 중차대한 사건 앞에서 절망하지 않고 의연히 조각에 임했다는 것은 대단한 예인임이 틀림없다. 국가의 존립과 안녕을 비는 간절한 마음이 낳은 문화유산이 아닐까 싶다.

불비상에 매료되어 두 주째 연이어 박물관을 찾는다. 보고 또 보니 전에 보지 못했던 부분까지 보인다. 무엇보다 내 고향에서 특별전이 열려 자랑스럽다. 현재 전해지는 통일신라시대 유물인 불비상 7구. 이 아름다운 유물이 한 자리에 전시되기가 어렵다고 한다. 그러기에 이번 특별전에 깊은 의미를 두는가 보다.

저기 불비상에 담은 염원처럼 나에게도 곡진한 간절함이 있었던가. 하루가 빠르게 각박하게 돌아가는 세상이다. 불비상을 조각한 예인처럼 돌에 새길 정도의 간절한 소원은 없는 듯싶다. 얼마 전 북측 때문에 세계가 혼란스러웠다. 그러나 정작 당사자인 내국인은 동요 없이 하루하루를 보낸다는 기사를 보았다. 나 또한 남의 나라 이야기인 양 뉴스로만 인식하고 일상을 순조롭게 지냈던 것 같다. 과연 남의 일처럼 불구경하듯 보아 넘기며 지내도 되는지 되묻는다.

내 나이 즈음 세대는 분단의 아픔과 전쟁의 실상을 기록과 구전으로 들어 실감이 나지 않는다. 지금 상태가 이전에도 훗날에도 계속 이어질 것 같은 착각으로 살아간다. 더구나 이산가족의 아픔도 없으니 그 어떤 상실감도 긴박감도 느끼지 못한다. 그러니 동족상잔의 비극을 어찌 가늠할 수 있으랴. 그저 불비상을 바라보며 비석에 드러난 문자와 곡선을 보며 감탄하는 수준에 닿아 있을 수밖에.

망원렌즈를 통하여 본 불비상은 더욱 찬란하다. 맨눈으로 볼 때보다 그 섬세함이 한층 더 도드라진다. '생각하는 부처가 새겨진 불비상'에선 나의 마음을 뒤흔든다. 금동으로 빚은 반가 사유상과는 많이 다른 느낌이다. '반가 사유상은 의자에 앉아 오른쪽 다리를 왼쪽 무릎에 걸치고 오른쪽 무릎에 댄 채 손으로 턱을 괴고 깊은 생각에 잠겨 있는 모습이다.' 전문가는 반가의 독특한 자세 때문에 당시로써는 가장 어려운 조각이고, 고도의 창의력이 필요한 반가 사유상의 조형이 절대 쉽지 않았을 것이라 말한다.

난 돌 위로 흐르는 곡선의 아름다움에 취한다. 아쉽게도 염원의 무게를 가늠하지 못한다. 그래, 염원의 무게가 아닌 나는 이것을 탐한다. 장인의 숨결이다. 정과 망치를 내리칠 때마다 호흡을 정돈하던 그의 자세다. 진정한 마음으로 자신을 스스로 돌아볼 때 깨달음이 다가온다고 했던가. 깨달음의 수행인 사유思惟를 위하여 조금 더 넓고 깊게 혜안을 떠야만 한다.

계간《수필미학》 2013년 가을호(창간호)

라르고
- 다산초당을 오르며

 시간이 가끔은 멈춰버렸으면 좋겠어. 모든 만물이 이대로 정지되면 아무런 근심도 불안도 없는 세상이 되겠지. 매일 아침 마음을 다스리는 기도를 할 필요가 없을 거고, 누군가에게 보기 좋은 모습을 보여주고자 애쓰지 않아도 되잖아. 진실을 숨기고 야욕으로 가득 찬 사회를 보지 않아도 되고, 지겨운 밥벌이 하고자 종종댈 필요도 없어지겠지. 그럼 이 세상은 동화 속처럼 잠든 나라가 되는 건가.
 그렇다고 잠든 나라를 원하는 건 아니야. 여러모로 불편한 세상을 말하고 싶었고, 그곳을 벗어나고 싶어 구구절절 서두를 풀었어. 대부분 나이를 먹을수록 정신적으로나 물질적으로 안정된다고들 하던데, 나의 경우와 주변을 돌아봐도 꼭 그렇지만은 않은 것 같아. 자신은 아닌 것처럼 포장하지만, 욕심의 그릇은 날로 커지고 그들의 가슴은 메마른 대지처럼 딱딱하게 굳어가고 있어. 나 또한 주기적으로 건조한 일상을 벗어나 자연을 벗하지 않으면 심한 회의감에 젖어 혼돈 상태로 빠져들고 말아.

내 몸의 병중을 느끼고 치유하러 가는 중이야. 일상의 모든 걸 접고 멀고 먼 남도지방을 찾았어. 라르고. 아주 느리게 걷고 걷다가 정신의 바닥까지 내려가 본연의 나를 바라보고 싶어. 하루하루를 맹물같이 살아가는 나 같은 사람은 정작 떠나라면 마음이 편하지를 않아. 주위 사람들은 나에게 아직은 일을 내려놓을 때가 아니라고들 말하지. 그 말을 위로 삼아 밥벌이를 계속하고 있지만, 어느 땐 모든 걸 내려놓고 쉬고 싶을 때가 있어. 기행 중 오늘도 어김없이 나를 찾는 전화벨 소리에 긴장되고 숨이 막히네.

유배지로 떠나는 다산의 마음도 나의 마음처럼 무거웠을까. 모든 걸 포기한 감정의 상태는 바닥에 닿았겠지. 다산초당으로 오르는 길은 느리게 걸어야 하는 산길이야. 지금에야 등산객의 발길에 길이 났지만, 그 시절엔 아마도 길도 없는 첩첩산중이었겠지. 인간들의 세상처럼 얼기설기 뒤얽힌 관계가 산길 바닥에도 존재한다는 걸 알았어. 소나무 뿌리가 단단히 서로 엉켜 사람들의 발길에 밟히고 차여 길이 되었지. 만약 나무 한 그루의 뿌리였다면 거침없이 뻗어 나가다 폭설에 꺾였을지도 몰라. 뿌리가 드러난 나무들은 서로서로 의지하며 양분을 나누며 잘 버텨 살아남은 것 같아. 뿌리의 길은 나에게 무언의 의미를 던지고 있어.

앞만 보고 빠르게 산을 오르는 그대여, 조금 천천히 걷게나. 내 머릿속엔 온통 스쳐온 바닥에 도드라진 뿌리들로 가득 차 있다네. 뿌리도 뿌리지만, 생각이 자꾸 이어져 빠르게 걷지 못하고 있어. 난 일행 중 꼴찌로 그가 머물었던 다산초당에 도착했지. 마당에 수많은 사람이 와글거려 초당이 비좁아 보였어. 다산이 홀로 있으면 대궐 후원쯤 느껴질 공간이었지만. 나는 사람들을 피하여 뒤편 동백나무 숲으로 들었어.

퇴색한 낙엽 위에 꽃송이가 무수히 떨어져 붉은 보석처럼 빛나고 있었지. 동백꽃은 다른 꽃들과 달리 지조를 지키는 꽃인 것 같아. 자신이 떠날 때를 미리 알고, 나무에 의지하지 않고 스스럼없이 꽃봉오리를 꺾고 있어. 활짝 핀 꽃들은 바닥에 떨어져 시들지 않고 여러 날을 보내지. 순간 다산은 바닥에 떨어진 꽃들을 보고 어떤 생각을 품었을까 궁금하네.

사람들이 물러간 마당에 나도 서 보았어. 자그마한 다산초당 툇마루에 앉아 땀을 식히는 지인의 모습이 눈에 들었어. 그런데 난 이곳에서도 사진을 찍어야 한다는 사명감으로 쉬지 않고 그들의 편안한 모습을 기록하고자 바빴지. 이것이 고질적인 나의 성향이자 쉽게 고쳐지지 않은 버릇이야. 모든 일이 내가 아니면 아니 된다는 양 앞서 서두르고 나서는 성향의

나. 그러나 카메라 렌즈 안 지인들의 해맑은 표정을 보며 문제의 본질을 금세 잊어버리고 말아.

그들의 모습은 다시 보아도 편안해지고 보기 좋은 풍경이야. 연못에 투영된 풍경은 꽃봉오리를 무수히 피운 동백나무와 이야기꽃을 피우는 지인의 편안한 모습이야. 정녕 도시에선 볼 수 없는 풍경이잖아. 우리에겐 주변의 소음을 잊고 마음을 고즈넉이 가라앉힐 시간이 필요해. 다산이 사색에 들었던 툇마루에 앉아 바람에 스쳐온 동백꽃 향을 음미하는 그 기분을 말로는 다 표현할 수 없을 거야.

우리가 섬세히 톺아보아야 할 것들이 바닥에 있었어. 가장 낮은 곳에 태어난 뿌리는 나그네가 보란 듯 어깨동무하여 계단이 되었고 길이 되었어. 또 동백꽃은 누구에게도 의지하지 않은 채 시들지 않은 꽃송이로 바닥에 떨어져 지조를 지켰지. 그러나 인간의 세상은 달라도 너무 다르지. 누구보다 더 빠르게 달려야 선두에 설 수 있고, 더 높이 올라야 최고가 되며, 더 많이 가지고자 눈에 보이지 않는 전쟁을 밥 먹듯 하고 있잖아.

어떤 것이 옳고 그른가를 따지는 문제가 아니야. 그렇다고 빈약하고 푼푼하다는 상대적인 비유도 아니야. 삶의 질을 말하고 있어. "더 빠르게, 높이, 많이"가 아니라 이젠 "느리게, 깊이 있게, 낮은 곳"에 시선을 두고 속도를 늦추고 살아가는 일이야. 산길을 빠르게 올랐다면, 보지 못했을 것들이 눈앞에 그려진다네. 뿌리의 길과 바닥에 떨어진 동백꽃, 그리고 연못에 투영된 지인들이 쉬어가는 풍경이 말해주잖아. 지금 나에게 필요한 것은 "느리게!"라고.

라르고(largo). 나의 삶을 느리게 진중히 살아가라는 말로 들려. 세상에서 가장 느린 음악인 존 케이지의 639년간 연주되는 오르간곡처럼 "최대한 느리게 연주할 것"까지는 아니어도, 내가 가지고 있는 것들의 가치를 음미해보자고. 보잘 것없는 대상도 오래 들여다보면 그 안에 오묘한 진리와 기쁨이 있다는 걸 깨닫게 될 거야. 느림은 우리 삶에서 속도에 묻혀 사라진 풍성한 사색과 원래의 모습으로 돌아오게 하는 힘이 있어. 자, 이제 삶 속에 느린 풍경들을 만나고 느낄 일만 남았어.

《수필세계》 2013년 여름호

제4부

검댕이

검댕이

검댕이가 긴 여행을 떠났다. 먹보인 녀석이 좋아하는 젤리도 마다하고 어디론가 사라지고 덩그러니 보금자리만 남았다. 그런데 나는 놀라지도, 슬프지도 않다. 가족들은 두 눈에 쌍불을 켜고 그를 찾느라고 야단이다. 그러나 베란다와 온 방을 구석구석 찾아보아도 녀석은 나타나질 않는다.

검댕이는 우리 집에서 키우는 사슴벌레의 애칭이다. 유난히 검고 두 개의 집게가 커서 붙인 이름이다. 이 녀석이 우리 집에 오기까지엔 할머니의 영웅담이 한몫했다.

어느 날이었다. 할머니와 손자가 나를 따돌리고 뭔가 작전을 수행하려는 눈치였다. 아이가 난데없이 사슴벌레에 관해 연구하려는 것도 무슨 꿍꿍이속이 있는 것 같았다. 나 몰래 아빠에게 용돈도 얻어내는 것 같았다. 그리고 그 날 벌어진

일을 할머니가 가족들에게 영웅담처럼 풀어놓으셨다.

도시에서는 흔하지 않은 곤충인지라 부르는 게 값이었다. 검댕이 한 마리의 가격은 만 오천 원인데 아이의 주머니엔 만 삼천 원밖에 없었다. 문방구 주인은 모자라는 이천 원을 가져오라고 했다. 하지만 검댕이를 빨리 갖고 싶어 주춤거리는 아이에게 그는 유혹의 손길을 내밀었다. 뽑기를 하면 만 오천 원이 나올 수 있다는 말에 아이는 귀가 솔깃하여 순순히 빠져들어 갔고 결국, 가지고 있던 돈마저 몽땅 뽑기 기구한테 빼앗겨 빈손이 되고 말았다.

그다음 상황은 보지 않아도 그림이다. 아이는 눈물 콧물이 범벅되어 내 돈을 내놓으라고 생떼를 쓰며 대성통곡을 하였을 것이다. 손자의 얘기를 들은 할머니는 눈썹이 날리도록 문방구로 달려갔고 문방구 주인을 사행심을 조장했다고 협박 반 애걸 반으로 모자란 돈 이천 원으로 타협을 보았다. 제일 작은 검댕이를 골라 주려고 하는 그의 손을 제치고 제일 큰놈으로 고른 손자와 할머니는 승전고를 울리며 개선장군처럼 돌아왔다. 용감무쌍한 할머니. 덕분에 아이도 쓰라린 인생 경험을 했고 추억의 탑에 돌 하나를 더 얹은 셈이다.

웬만한 애완곤충은 우리 집을 거쳐 가지 않은 것이 없을 정도였다. 아이는 그들을 데려온 일주일은 호기심으로 밥도 제때 챙겨주며 지나칠 정도로 깊은 관심을 두었다. 그러나 그것도 잠시일 뿐, 시간이 흐를수록 거들떠보지도 않아 그들의 뒤처리는 할머니의 몫이 되곤 했다. 그들도 사람처럼 사랑을 먹고 자라는가 보다. 사람도 사랑이 부족하면 거칠어지고 생기가 없어지듯, 그들도 기운을 잃은 듯 얼마 가질 못해 마침내 죽는 경우도 생겼다. 그런 모습이 딱해 앞으로 다시는 곤충을 사주지 않겠다고 다짐을 했는데, 검댕이를 어렵게 데려온 얘기를 듣고 나니 마음이 약해지고 말았다.

그러나 검댕이의 값보다 비싼 집만큼은 양보하지 않기로 했다. 자그마한 사육장이 이만 오천 원이다. 전에도 햄스터가 오천 원이면 집은 만 오천 원, 금화조가 팔천 원이면 새집은 이만 오천 원이었다. 주객의 전도였다. '배보다 배꼽이 크면 안 된다'는 이유를 내세웠다. 처음에는 고집을 부리던 남편과 아이도 못 이기겠다는 듯 네모난 석쇠를 사다가 구슬땀을 흘리며 녀석의 보금자리를 만들어 주었다. 제법 근사했다. 손수 집을 만든 남편과 아이는 어느 때보다 더욱 강한 사랑을 베풀었다.

하루는 검댕이가 벌렁 드러누워 배를 하늘로 향한 채 전혀 움직이질 않았다. 혹시 죽은 것은 아닌가 싶어 아이에게 물었다. 죽은 시늉을 하는 것이라고 했다. 아이는 그의 말과 행동을 이해하고 있는 것인가? 그 녀석의 언어를 알아듣지 못하는 내가 귀머거리인가. 갑갑하고 답답하지만 어쩔 수 없었다.

다음 날, 검댕이가 남의 집 화분 근처에서 방황하고 있지 않은가. 철끈으로 칭칭 감아 만든 튼튼한 집을 어떻게 빠져나왔는지 도무지 이해할 수 없었다. 두껍고 무거운 책으로 눌러놓기까지 했는데 어떻게 나왔을까. 그 후로도 그는 몇 번씩이나 탈출시도를 하여 가족들을 놀라게 했다.

그러던 어느 날이었다. 검댕이의 등이 여기저기 갈라져 상처투성이인 것이 눈에 띄었다. 실패를 거듭해도 포기하지 않고 빠져나오려고 안간힘을 썼구나 여겼다. 헌데, 놀라운 일이 벌어진 것이었다. 녀석은 정사각형인 석쇠의 네모난 구멍 밖으로 두 집게를 정면으로, 위로, 아래로, 그것도 모자라 사선으로 시도하는 것이었다. 순간, 나는 녀석이 빠져나오게 된 비밀을 직감할 수 있었다.

자로 석쇠의 구멍을 재보았다. 가로, 세로 1.5센티미터. 검댕이가 정면으로 빠져나온다는 것은 불가능한 일이었다. 그러나 사선의 길이가 약 2센티미터가 넘는다는 것을 간과한 것이 실수였다. 아주 간단한 진리를 소홀히 다룬 것이다. 그는 우리가 놓친 맞모금의 길이를 발견한 것이었다.

겁도 없이 탈출하려는 검댕이를 보며 문득 내 모습이 겹쳐졌다.

신혼 시절, 가난한 촌부의 아내는 오직 하나 욕심의 그릇을 채우기 위해 하루를 살았다. 셋방살이를 벗어나기 위한 알뜰함은 이내 작은 평수의 내 집을 얻을 수가 있었다. 거기까지는 좋았다. 그러나 헛된 욕심은 더 큰 것을 바라고 숫자를 헤아리며 여러 해를 보태었다. 겉치장을 위한 삶으로 내 머릿속엔 상상의 기와집은 수없이 그려졌다. 또한, 직장에선 한 계단 더 높은 직급을 위하여 모든 상황을 내게 유리한 쪽으로 고민해갔다. 늘 내 주변의 것들은 경쟁대상이었다. 그렇게 열을 채우기 위한 욕망의 불꽃은 사그라지지를 않았다.

 욕망의 한 부분을 고속질주로 이루어낸 어느 날, 원인 모를 병에 걸린 듯 가슴 아파했다. 모든 것이 제자리에 있건만 이유 없이 허전하며, 신열을 앓듯 갈피를 잡지 못하였다. 내가 원했던 삶이 이런 것이었던가. 물질 만능 위주의 사회에 물든 내 모습, 순수감성이라곤 손톱만큼도 없는 사람으로 변해있었다. 문득, 내 순수영혼을 잃고 욕망만 높아진 삶이 부질없는 짓이란 걸 알게 되었다. 가슴 깊은 곳에서 울리는 내면의 소리를 듣지 못했다. 화려한 불빛을 쫓아다니는 불나비 같았다. 노랗게 단풍이 든 느티나무 아래에서 까르르 웃던 열아홉 소녀의 그림자가 그립다. 계절의 아름다움을 시로 읊던 나는 어디에 묻혀 있는 걸까. 사유의 창을 열어 묻고 되묻는다.

 그동안 나는 내내 주위의 환경을 탓하며 어디론가 훌쩍 떠나고 싶었다. 하지만 감히 행동으로 옮기는 것은 엄두를 낼 수가 없었다. 나에겐 언제나 벗어날 수 있는 열린 문이 있지 않은가. 그럼에도 현실에 안주해버린 날 조롱하는 듯했다. 나는 검댕이 보다 용기없는 사람이었다. 그다지 절실하지도 않으며 실체 없는 고민을 늘어놓던 나의 몸부림이 그저 우스울 뿐이었다.

　검댕이의 자유를 향한 무모한 도전과 끈질긴 노력에 탄복하지 않을 수 없었다. 그는 사력을 다해 1.5센티미터의 구멍에 온몸을 던졌을 것을 상상하니, 전기충격을 받은 듯 온몸이 짜릿해 왔다. 그랬다. 나의 삶은 소극적이고 수동적이었다. 인생살이에서 겉으로 드러난 것만 볼 줄 알았다. 비껴보고, 누워볼 수 있는 삶을 몰랐다.

　표면에 드러난 가벼운 것을 즐기며, 내면의 깊이를 모르는 지금까지의 삶이 아니었던가. 그래 지극히 사소한 것, 가끔 꿈틀거리며 일어나는 아주 작은 감성을 도외시했다. 철망에 긁혀 생채기투성이가 될 정도의 적극적인 삶과는 비교도 되지 않아 보였다.

　식구들이 집을 비운 오후. 녀석이 왕성한 혈기로 사방을 활개치며 돌아다닌다. 두근거리는 가슴을 끌어안고 서서히 베란다 쪽으로 다가간다. 그리고는 창문을 반쯤 열었다.

　서재로 돌아와서도 진정되지 않는 마음은 온통 그 녀석에게 가 있다. 이윽고 '툭' 하는 소리가 들린다. '아, 드디어 자유를 찾았구나!'라고 작은 탄성이 일었다. 먼발치에서 둘러보니 역시 녀석이 보이질 않는다. 녀석이 기어가는 속도를 계산하며, 시간이 빨리 흘러갔으면 싶었다. 그런데 갑자기 힘이 빠졌다. 두 어깨가 축 처졌다. 검댕이가 없는 쓸쓸한 보금자리. 검댕이의 탈출은 가족들에겐 언제까지나 미제 사건으로 남을 것이다.

2004년 제7회 동서커피문학상 대상 수상작
《월간문학》 2004년 12월호
《수필과 비평》 2009년 100호 특집 한국의 대표적인 수필가 87인이 내놓은 '나의 대표작'
윤재천《오늘의 한국 대표 수필 100인선》(문학관) 2013년

로꾸거 로꾸거

곰 문 운 공

　연말·연초면 으레 '올해의 사자성어'를 발표하여 그해 신조처럼 삼는다. 나 역시 마음에 새기는 문자가 있다. 곰〔熊〕, 문門, 운運, 공호 네 개의 글자가 그것이다. 요즘 세태를 반영한 현대인들이 나아갈 바를 암시하는 글자인 듯싶다.
　기축년己丑年을 맞이하고도 방향을 잡지 못하는 나라 경제는 변함이 없다. 그래선지 사람들은 '힘겹다, 어렵다.'라는 말을 입에 달고 산다. 풋낯인 사람을 만나 이런 얘기로 서두를 꺼내도 금세 동화되어 말문을 여니 말이다. 그래도 이런 사람은 그나마 다행이다 싶다. 단군신화 주인공 **곰(웅녀)**처럼 고난을 이겨내지 못하고, 끝내는 죽음으로 세상을 마감하는 사람이 속속 있어 우울하기 그지없다.

한 치 앞도 모르는 것이 인간사다. 자신의 발등에 떨어진 불을 끄지 못해 삶을 송두리째 수렁 속에 집어넣는 사람들을 본다. 세상살이 시들해지면 현실을 그대로 받아들이지 말고, 자신의 삶을 한 번쯤 위로 아래로 옆으로 뒤집어 비틀어보자. 그러다 보면 세상을 바라보는 마음도 달라지겠지.

요즘 낯설게 하기가 유행이다. 예술의 장르 파괴는 흔한 일이 되었으며, 문학에선 사물을 전통적 방법으로 의미화시키기를 주저하는 이들도 있다. 형식을 파괴한 글이 발표되고, 옷을 거꾸로 뒤집어 입은 스타들의 패션이 시선을 끌고 있다. 오죽하면 이런 노래가 유행하겠는가? "로꾸거 로꾸거 로꾸거 말해 말 …… 다시 합창합시다 …… 자꾸만 꿈만 꾸자 …… 어제도 거꾸로 오늘도 거꾸로 모두가 거꾸로 돌아가고 있어 내일이 와야 해 행복의 시계가 돌아가겠지……"

홀로 고뇌에 빠진 사람들아, 모르는 사이나 풋낯인 경우라도, 상대의 소매를 붙잡고 말문을 열자. 그러면 내 뜻대로 펼쳐지지 않는 세상일을 누군가에게 하소연이라도 한다면, 답답한 마음 조금은 누그러지지 않을까. 거기서 살아갈 힘을 얻어 다시 세상으로 돌아갈 수 있으면 좋으련만.

거꾸로 강을 거슬러 오르는 연어들처럼, 거꾸로 역사를 거슬러 올라가 보자. 거기서 단군신화 주인공이자 인내의 달인인 웅녀를 만나자. 말과 문자를 깨우친 사람이라면, 곰(웅녀)

의 얽힌 신화를 모르는 이가 없을 정도니 그 의미를 깨우치는 데 어려움도 없으리. 곰은 아주 미련하게 우직스레 일하는 사람을 비유할 때 쓰인다. 나도 한때는 '곰보단 여우가 낫다.' 라는 말에 고개를 주억거린 적 있다. 그러나 나이가 들수록 약삭빠른 여우보단 묵묵히 자기 일을 챙기는 '곰' 같은 사람에게 은근히 정이 간다.

'곰' 이란 글자를 입안에서 굴리다 "로꾸거 로꾸거 로꾸거 말해 말……" 노래하니 기회의 '문' 앞에 당도해 있다.

'곰'이 '문'이란 글자를 낳는 건 아마도 이런 속뜻이 담겨 있지 않나 싶다. 주위 여건에 흔들리지 않고 역경을 극복하며, 한 우물을 파는 곰에게 기회를 준다는 얘기는 아닐까? 한 직장에서 나 자신조차 놀랍게 많은 세월이 흘렀다. 24년 전을 돌이켜보면, 흔들리는 갈대처럼 중도 포기하고 싶은 마음이 든 게 여러 번이었다. 일 같지 않은 일을 반복하여 시키며, 학력이 모자란다고 승진에서 밀렸을 때, 성차별이 확연히 느껴질 때 그리고 선임에게 눈도장 찍으려고 아픈 아이를 떼어 놓고 눈물 삼키며 출근하던 날……. 어쨌거나 곰처럼 버텼으니 지금의 자리까지 올 수 있었다.

지금껏 내 손으로 열고 들어온 그 문은 아마도 오기의 문이 겠지. 어떤 문이든 '문'은 스스로 열어야 한다. '문'을 열어주지 않는다고 남 탓을 해도 소용없다. 내가 그들 속에 자연스레 녹아들지 못하던 시절, 무시로 훨훨 나는 새를 갈구했다. 직장을 창살 없는 감옥 같다고 농하던 나의 모습, 지금 바라보면 얼마나 배부른 소리겠는가. 그때마다 내 주위에는 기회의 '문'이 무수히 많았고 열려 있었다.

우리는 단군의 자손이다. 내게도 그 기氣가 흐르고 있으니 능히 이겨낼 수 있는 저력이 있다. **곰**(웅녀)이 인간이 되기를 꿈꾸며 희망을 버리지 않았듯, 고초를 참아냈기에 웅녀에게 '인간'이라는 **문**이 열렸고, 꿈을 이뤘다. 나와 후인들은 불굴의 의지와 인내를 타고났음을 잊지 말아야 한다.

로꾸거 놀이에 점점 재미가 붙는다. 평소 받고 싶은 선물인 행 '운'이란 글자도 '곰'처럼 묘한 기운이 뻗친다. '운運'을 손 안에 굴리고 굴리니, 공空! 내 무르팍을 탁 친다.

경제가 어려워지니 요행을 바라는 사람들이 많아졌다. 요즘 어른이나 애들이나 자신의 대운을 알아보려고 주술사를 찾는다고 한다. 운수를 보아 미래에 대한 막연한 불안이 사라진다면 얼마나 좋으랴. 생각해보면 그 불안이 우리가 말하는 고통 대부분이 아닐까. 스스로 생을 포기한 사람도, 자신이 만든 불안의 무게에 짓눌려 헤어나지 못하여 부정하게 이승을 떠났을 것 같다.

요즘 텔레비전 뉴스나 신문기사 보기가 두렵다. 연일 탐탁하지 않은 기사가 내 가슴을 놀라게 한다. 희망이 담긴 이야기를 자주 뉴스거리로 발표하면 좋으련만. 노숙자가 하루 품팔이하여 목돈을 만들었다는 이야기나, 평생 김밥을 팔아 모은 재산을 흔쾌히 장학금으로 내놓았다는 김밥 할머니의 삶을 말이다. 익명의 독지가를 칭찬하는 기사와 직원들 스스로 감봉하여 회사를 살리고 어려운 시기를 넘기자는 훈훈한 이야기를 듣고 싶다.

어차피 인생은 '공수래공수거', 할머니도 그랬고 내 어머니도 그랬다. 과욕을 부리지 말고, 비우며 살라는 소리겠지. 황금에 눈이 먼 자가 어찌 '**운**'이 '**공**'이 되는 진리를 알겠느뇨. 행운 또한 '곰'처럼 열심히 사는 사람에게 따르는 법. 아무 일도 하지 않으면서 거저 얻으려는 건 고약한 심보니, 신이 있다면 그에게 행운을 줄 리 없다. 차라리 감나무 밑에 누워 홍시가 떨어지길 바라는 게 빠르리.

글자를 "로꾸거 로꾸거 로꾸거 말해 말……"하니 숨은 진리가 튀어나온다. 한글은 역시 과학적이고 우수한 문자며 우리의 자랑이야. 미련스럽게 보이는 **곰**이지만, 이면에 기회의 **문**이 기다리고 있었지. 열심히 일한 사람에게 **운**도 닿고, 결국 인생은 **공**으로 돌아간다는 걸 알고 달려가니 두려울 게 없다.

재미로 풀어놓은 네 개의 단순한 글자가 지식인이 선정한 사자성어만 못함을 안다. 간혹 난 이렇게 세상 보기를 새로운 시선으로 보아 흐트러진 마음을 추스르고 내공을 다진다. 지금 자신이 불행하다고 여기는 이는, 나와 함께 로꾸거를 부르자. 자꾸만 꿈만 꾸자, 멈추었던 행복의 시계도 째깍거리겠지.

《수필시대》 2009년 7·8월(제27호)
《수필과 비평》 2010년 5·6월호 '다시 읽는 문제작 선정'
《현대수필》 2011년 가을호(제80호) '다시 읽는 실험수필'
계간 《에세이포레》 2013년 봄호 '대표수필'

생각이 돌다

- **공간**
  대청호 미술관과 상당산성 산길

- **대상**
  흰색 민무늬 화병과 소파, 위트가 넘치는 장승들

- **내레이션**
  다큐멘터리 〈아마존의 눈물〉을 맡았던, 김남길

1막 _ 미술 더하기 발상

 안내 표시를 따라 깜깜한 전시회장으로 들어선다. 텅 빈 전시장이다. 열린 출입문을 타고 들어온 빛에 의해 물체가 흐릿하게 망막에 인식되는 순간이다. 벽 쪽에 목이 긴 흰 화병과 3인용 하얀색 소파. 설마 전시작품이 화병과 소파는 아니겠지? 한 발 뒤로 물러나 출입문에 붙은 '미술 더하기 발상'이란 포스터를 다시 확인한다. 무슨 착오가 있겠지 싶어 발길을 돌리려는 찰나 음악 소리가 들린다. 이어 흰 벽에 영상이 흐르는 게 아닌가.
 정지된 피사체인 화병과 소파 위로 푸른 줄기와 꽃들이 곱게 피어오른다. 꼭 풀밭 같다. 그 풀밭으로 도마뱀이 느릿느릿 기어간다. 가느다란 덩굴에 녹음이 짙어진다. 이건 평화로운 봄 풍경이 아닌가. 그래, 이 땅에 태초의 모습은 이런 풍경이었으리라.
 봄이 오는가 싶더니 벌써 여름인가 보다. 푸른 이파리들이 벽과 화병, 그리고 소파를 무성히 뒤덮는다. 녹음의 절정일 무렵, 갑자기 어디선가 비키니 차림의 요정들이 나타나 풍경을 즐기는 것 같다. 아마도 지구 상 최초의 인간 모습이 아닐까 싶다. 이해할 수 없는 대상들과 영상이미지가 무언가를 암시하는 듯싶다.
 비바람과 폭풍이 강하게 세상을 뒤엎는가 싶더니 서서히

잠잠해진다. 이어 인간의 얼굴인 듯 비슷비슷한 군상들이 펼쳐진다. 고통에 일그러진 얼굴, 아니 슬픔을 삼키는 표정 같기도 하다. 인간의 고뇌를 표현하는 성싶다. 한 서글픈 표정은 문명의 탈을 쓴, 아니 도시화에 찌든 내 모습과 겹쳐진다. 군상들의 세계는 우리네 삶의 단면을 비춰주는 것 같다는 생각에 다다른다.

영상이 멈춘 벽을 향하여 시선을 고정한 채 한참을 서 있었다. 무에서 유를 창조하고, 유에서 무로 돌아간다는 발상인가. 혈기 넘치는 젊은이다운 기발함과 참신함이 돋보이는 작품이었다. 소파와 화병만 놓여 있는 커다란 전시장을 창고쯤으로 오인한 모습을 그가 보았다면, 이 얼마나 기막힌 일이겠는가. 소품과 화려한 영상이미지는 회화적인 미술로만 알고 있던 고정관념의 틀을 깨는 순간이었다.

미술에 그래픽 영상이미지를 접목한 작품이었다. 영화의 새 역사를 기록한 '아바타'처럼 그래픽 애니메이션을 접목한 효과랄까. 관람자는 이런 참신한 발상을 원한다. 사람들이 나처럼 틈만 나면 집 밖을 떠도는 것도 새로운 발상을 얻기 위함인지도 모른다. 그러나 머릿속으로만 고민과 설계를 나열할 뿐이다. 실행에 옮기지 않는 이와 생각이 도는 대로 발 빠르게 움직인 작가와의 차이일 게다. 그를 닮아가려면 눈과 귀를 열어두고, 머리와 가슴과 발을 부지런히 움직여야 할 것이다.

2막 _ 산길에서 만난 장승

 바람도 한 점 없는 꽤 무더운 날이다. 열기에 휩싸인 성벽 위를 걷는 건 무리이기에 산길로 들어선다. 걷다 보니 풀숲에 허옇게 껍질이 벗겨진 나무가 보인다. '멀쩡한 나무를 어찌 저리 발가벗겨 놓았을까.'라고 중얼거리다 나무 주변을 둘러보니 소나무 가지들이 잘려 가지런히 쌓여 있는 게 아닌가. 그제야 이해가 된다.
 지난해 폭설도 많았고 지독히 추웠던 한 해였다. 죽은 나무는 눈의 중량을 이기지 못하고 쓰러진 나무들이었다. 산행하다가 산길에 쓰러진 나무들을 눈여겨보았던 터였다. 잔가지들이 꺾인 것도 안타까운데, 성한 소나무가 허리쯤에서 부러진 모습은 차마 볼 수가 없었다.
 누군가 길을 가로막은 나무들을 보다 못하여 정리한 듯했다. 거칠고 단단한 소나무 껍질을 벗기느라 힘겨웠으리라. 손에 가시가 박히지나 않았을까 궁금하다. 나무를 자유자재로 움직일 수 없으니 조각하는데 많은 불편이 따랐으리라. 크기 또한 어중간하니 앉지도 서지도 못하는 자세였을 것이다. 죽은 나무의 밑동까지 자태를 살려 껍질을 벗긴 나무줄기에 눈썹, 눈, 코, 입술을 조각하였다. 장승은 인간의 표정을 닮아 친근하게 다가왔다.
 장승은 이름난 공원에 여느 장승처럼 멋지지는 않았다. 그렇다고 볼품없지도 않았다. 아마추어의 모습이라 더욱 정감이 갔다고 말할까. 처음 만난 녀석의 뿔난 두상은 금방이라도 하늘로 날아오를 듯 형상의 전설인 동물 유니콘과 흡사했고, 두 눈을 부릅뜬 사나운 표정은 소설 '봄봄'에 나온 심술 고약한 장인의 모습이었다. 웃음이 절로 났다. 거기에 악동의 표정은 꼭 개구쟁이 조카의 표정 같아 머리를 쓰다듬고 싶었다. 다음에 출연할 장승의 모습을 기대하며 굽이진 산길로 나아갔다.

산행은 장승 덕분에 어느 때보다 흥미로웠다. 사람이 많이 다니는 곳이니 다른 이도 나와 같은 감흥을 받았으리라. 문득 이런 기발한 생각을 구상한 이는 어떤 분일까 궁금해졌다. 아마도 위트와 가슴이 넓은 호인이리라. 죽은 나무는 그의 손에 장승이란 이름으로 새롭게 태어나, 우리 곁에 머물며 즐거움을 베풀고 있기 때문이다. 만약, 내가 산 주인이었다면, 과연 산행에 거치적거리는 나무를 보고 어떻게 처리했을까. 아마도 주저 없이 나무의 밑동까지 잘라 깨끗이 정리했을 것이다. 이러한 상황을 만든 이상기온을 탓하고 구시렁거리며 마지못해 나무를 끌어냈으리라.

장승은 생명을 지녔던 나무에 대한 사랑의 증거이다. 익살스러운 장승의 표정은 산길을 걷는 행인들의 눈과 마음을 즐겁게 하고 있다. 자신의 것을 기꺼이 남에게 내줄 때 진정한 행복을 느낀단다. 얼굴도 모르는 사람끼리 마음이 통했고, 그와 같은 길을 걷는 동행자라 여기니 마음이 든든하다.

  생각해보면, 일상에서 남다른 생각과 그것을 행동으로 옮기는 예술인이 참 많다. 언제 어디서나 기발하고 독특한 생각이 돌기를 원한다. 삶에 자잘한 묘미를 베풀고 그것에 감동하는 그와 나는 정녕 행복한 사람이다.

《수필과 비평》 2010년 9·10월호
《수필과 비평》 2010년 11·12월호 '다시 읽는 문제작 선정'
《수필과 비평》 2012년 1월호 '제17회 신곡문학상' 본상 수상작

〈작가론〉

한국혼의 부활과 전통미의 발견
- 수필선집《전설의 벽》을 읽고

권대근 | 대신대학원대학교 문학언어치료학 교수

Ⅰ. 열며

〈검댕이〉의 작가 이은희의 작품세계에서 주세력을 형성하고 있는 제재나 주제 유형은 순수한국미와 토속적 전통에 대한 특별한 관심이다. 여성수필문학사적으로 볼 때, 한국혼의 부활은 유교문화와 서양문물을 받아들인 상태에서 한때 사대적인 사상이 주류를 이룸에 따라 여기에 대한 반발로 나온 여성수필의 중심적 사상이다. 근대여성수필에서 자주정신이 부각되었다면, 현대여성수필에서는 풍속과 전통미가 고양되고 있다. 그 중심에서 선도적인 역할을 하고 있는 작가가 바로 이은희라 할 수 있다. 이은희는 동서커피문학상 대상 수상으로 화려하게 문단에 등장하여 줄곧 수필문단과 독자 그리고 비평가의 각별한 관심을 모은, 실력파 작가다. 이은희 수필가를 대하면 언제나 마음이 따뜻해진다. 그녀의 얼굴은 밝고 평온하며, 목소리는 잔잔하고 온유하다. 이 선집에는 전통과 한국혼에 대해 절실하게 사유할 수밖에 없는 이유가 담겨 있다.

놀라운 창작열로 수필 사랑을 실천하고 있는 작가, 이은희는 형이하학적 제재의 속성을 잘 파악하여 형이상학적인 진리를 포착해 냄으로 여타 다른 작가들이 갖지 못한 미덕을 두루 보여준다는 찬사를 듣기도 한다. 수필을 읽어나가노라면, 내면에서 품어 나오는 열정의 거친 호흡뿐만 아니라 인간성이 주는 매력에 흡인력까지 느껴진다. 그녀의 수필이 다가오면 촉촉한 감동이 실핏줄을 타고 온몸 구석구석 전달된다. 전업작가가 아니면서도 이처럼 편편이 수작인 수필을 쓸 수 있는 힘은 어디서 나왔을까. 그것은 바로 사소하고 작은 물상을 사랑하는 소시민적이면서도 겸손한 인간미와 신선함을 추구하려는 작가정신에 있다고 하겠다. 유물과 유적은 낡아도 보존하면 남지만, 그것을 빚은 옛사람의 정신과 숨결은 노력하지 않으면 알 수도, 느낄 수도 없다는 데 착안하여 이은희는 문화 유적의 부속품 격인 작은 물상과 그들의 배경이 되거나 감싸고 있는 주위 풍경을 눈여겨 봐왔다. 그 결과물인 이 선집에는 그녀가 문화재를 고품격으로 끌어올린 소소한 물상들에 대한 따스한 눈길이 놓여 있다.

오래된 것들이 점점 잊히는 것이 안타까워 작가는 그것을 가슴 속에 담을 수밖에 없었기에 한 편 한 편의 수필에는 문화재에 대한 작가의 사랑이 들어 있다. 이 책에 실린 30 편의 작품을 중심으로 수필들의 면면을 살펴보면, 제재의 범주는 크게 한국적이고 민속적인 것에 기반을 두고 있다. 오래된 것과 세월의 더께에 낡은 빛이 드러난 예스러운 멋을 즐기는 특별한 취향으로 말미암아 그녀의 수필세계는 전통과 현대, 역사와 시대의 시공간을 초월하여 모든 경계를 허물어낸 기저에서 발견한 전통미학을 추구한다. 삶을 관통하고 있는 유물 속에 녹아있는 그리움과 정에 얽힌 수필, 성찰이 돋보이는 수필, 참신한 발견과 새로운 구성이 돋보이는 수필들이 우리 것에 대한 재발견과 재해석에 힘입어 각자 복고적 향수를 불러일으키고 있다. 좋은 수필의 출발점은 인식에 있듯이 이은희 수필의 시원은 발견과 재해석에 있다. 이는 이은희 수필이 지니고 있는 성격에의 구분일 수 있고, 또한 주제적인 지향성이나 내적 구조의 유형일 수도 있다.

그 성장의 결과물이자 결정체가 이번에 발간된 수필집《전설의 벽》이다. 여기 실린 작품들은 한국혼의 부활과 관련한 작품들로 여러 작품집에서 뽑아 한데 모은 것이다. 우리의 정신문화유산, 의식주, 생활문화, 예의범절, 관습, 제도, 풍속, 전통적인 생활도구나 용품 등에서 수필적 소재가 될 만한 것이면 모조리 찾아내어 그 장점이나 가치성을 찾아보려는 노력에 경의를 표한다. 선진국 대열에 들어선 우리나라가 정치, 경제, 문화의 흐름을 주도하려는 세계화 정책을 펴고 있는 상황에서 이은희의 한국적 소재에 대한 복고적 향수를 수필화하는 작업은 대단히 의의 있는 일이라 여겨진다. 그것이 비록 하찮은 소재라 해도 작가는 그것과 하나 되려는 동화와 삶 속에서 열린 자세를 취하고 있기에, 한국적 수필을 빚어낼 수 있었으리라 본다.

II. 펼치며

1. 전통과 복고적 향수

영국의 작가 레제트는 무엇을 보았느냐가 문제가 아니라 직관과 사색으로 그 본 것에서 어떤 의미를 발견했느냐가 중요하다고 말한 바 있다. 우리의 생활주변에는 수필적 소재가 널려 있다. 그냥 지나쳐 버린 하잘 것 없는 사물이나 사건에서도 작가는 가치 있는 무엇을 찾아내고 그것을 문학적으로 형상화시켜 하나의 좋은 작품으로 만들어낸다. 전국 수필 전문지에 발표한 작품이 백여 편이 넘고, 다시 읽는 문제작으로 선정된 작품도 여러 편이다. 그 중에 2006년을 대표하는 '문제 수필'로 〈전설의 벽〉이 선정되었고, 비평가가 뽑은 2013 한국의 좋은 수필로 〈무〉가 선정되었다. 수필집 《망새》로 2007년 제물포수필문학상을, 수필집 《버선코》로 2010년 충북수필문학상을, 수필집《생각이 돌다》로 2012년 신곡문학상 본상과 2013년 민들레수필문학상 본상을, 수필〈무〉로 2013년 충북여성문학상을 받았다는 사실은 그녀의 문학적 성취를 증명하는 하나의 실례라 하겠다.

　수필의 쾌미는 인식에서 나온다. 수필을 창작한다는 것에는 단순히 경험을 쓴다는 것이 아니라 그 경험을 통해 무언가를 발견한다는 의미가 깔려 있다. 발견은 수필쓰기의 첫 번째 과정일 뿐만 아니라 가장 중요한 과정이기도 하다. 글감을 찾아내는 정도의 발견으로 좋은 수필쓰기를 기대하기는 어렵다. 그것을 어떻게 보는가 즉, 인식을 통해 의미부여가 제대로 이루어져야 하는 것이다. 이은희의 수필〈실죽〉,〈망새〉,〈전설의 벽〉,〈궁〉등의 작품은 참신한 인식이 돋보이는 작품이다.〈실죽〉에서 작가는 으레 비어있는 것으로만 알았던 대나무 땅속줄기의 속이 꽉 차 있는 것에 주목한다. 그리고 이 땅속줄기가 대나무를 지탱할 수 있는 버팀목이 되었음을 알아채고 삶의 비움과 채움으로 사고의 폭을 넓혀나가는 인지 과정은 아무나 할 수 있는 것이 아니라서 더욱 감동을 준다.

　'민족수필'의 차원에서 '우리 것'에 대한 이은희의 관심은 수필에서 무슨 거창한 이론으로 제시되는 것이 아니다. 우리 고유의 하잘 것 없어 보였고, 사람들의 시선에서 멀어져 가는 것들에 관심과 애정을 놓아보자는 것이다. 작가는 수필화를 통해 분명 선조들의 지혜와 삶의 숨결을 느끼게 하고, 우리에게 뿌리를 인식시켜 준다. 땅 위의 이름 없는 잡초부터 하늘가의 반짝이는 별빛에 이르기까지 그녀의 눈빛이 머무는 곳마다 활 시위가 당겨진다. 수필은 모든 문학의 어머니라 불린다. 이은희는 네오필리아적 촉수를 가진 작가다. 그녀의 수필〈망새〉, 〈버선코〉, 〈결〉, 〈검댕이〉 등은 토속적인 한국미를 질펀하게 깔고 있다. 우리네 할머니 같은 그러면서도 항아리 같은 그런 질박한 진실의 미가 있는 것이다. 그래서 작가는 "항아리의 진가는 백 년 전이나 지금이나 변함없다. 생의 최후도 자연의 순리를 거스르지 않고 흙으로 순환하는 옹기. 나도 숨쉬는 옹기처럼 늘 깨어있고 싶다."고 말한다. 우리 조상들이 아무렇게나 사용했던 막사발 같은 그러한 미가 더 적당한 말인지도 모른다. 아무튼 이은희는 우리 것의 발견을 통해 자연성 그대로의 꾸미지 않는 보석 같은 순수와 진실을 획득한다. 〈옹이〉는 꾸밈은 없지만 그러나 그 화려한 백자보다 그 용도가 다양하고 실용적이다. 그 이름에서 풍기는 것처럼 아무데나 마구 쓸 수 있는 항아리다. 막사발 같은 대상에 대한 작가의 친밀감은 내면적인 정신성의 영상이나 마찬가지다. 따라서 그녀의 정신적인 요소는 무수한 옹기 같은 질박함을 내장하고 있다. 그것은 그녀의 진실된 언어와 거울 같은 단아함이 서로 조응하면서 옹이로 변모되는 나상들이다.

 전통문화를 소중히 하고자 하는 작가의 내면의식이 대부분의 글에서 주제로 담겨 있다. 이은희는 관찰과 사색 그리고 경험의 세계뿐만 아니라 사람의 세계도 중히 다룬다. 돈도 되지 않는 남들에게는 정말 부질없는 짓으로 보이는 전통문화에 대한 끈질긴 집착을 보이는 사람들에 대한 남다른 애정으로도 작가는 수필가적 사명을 다하고 있는지도 모른다. 회상을 통해 그 빛깔을 잃어가고 있는 것에 체온을 반추시키는 일과 현실에 대처하는 방법을 제시하는 일, 그런 것들을 이은희는 사명으로 받아들인다. 좋은 수필은 보이지 않는 세계를 다른 사람보다 먼저 발견하는 데서 생성된다. 이은희 수필의 위대성은 쓰기의 출발점을 낯선 인식에 둔다는 점에 있다. 진실을 찾아내기 위한 작가의 노력은 참신한 발견에서 빛을 발하고, 문학적 형상화에서 그 꽃을 피운다. 삶의 한 가운데 위치한 그녀가 쏟아내는 언어들의 내포에는 불꽃이 피어 있다. 그 불꽃은 삶을 관통하고 있어 더욱 향기를 품어낸다. 그녀는 '오래된 풍경'을 좋아한다. 수필을 읽는 매력이 작가의 내면 풍경을 읽는 데서 나온다고 볼 때, 명징한 삶의 사유로 빛나는 그녀의 수필은 매력 그 자체일 수밖에 없다.

〈폐타이어〉에서 작가는 타이어의 생성과 활용 그리고 버려짐을 통해 자신의 삶을 본다. 타이어나 작가나 쉽지 않은 삶을 살았다. 고무나무에 상처를 내어 받은 수액으로 타이어가 생성되는 것처럼 어미의 몸을 찢고 나왔고, 타이어가 쉼 없이 질주하는 삶을 산 것처럼 자신도 성공만을 위해 앞만 보고 달렸으며, 타이어가 닳아 폐타이어가 될 즈음 자신은 지난 삶을 반성의 눈으로 재어보고 있는 것이다. 그리고 마침내 폐타이어를 변신의 귀재로 정의하고, 문학이라는 새로운 길에서 주춤거리지 않고 변화를 도모하는 자신의 모습을 오버랩시킨다. 이는 수필을 인간학으로 구성한 것이다. 자신을 삶의 반성대 위에 세우고 자신을 향해 채찍질하기는 결코 쉬운 일이 아니다. 그러나 이은희는 이런 노력을 승화시켜 '몸부림', '담금질' 이란 이름으로 구성하고, 세파에 꺾이지 않는 문사가 되길 원한다. 이은희 수필을 읽는 매력은 위의 수필처럼 발견, 상관화, 동화, 성찰, 결속성이란 단계적 층위를 가지며, 특히 발견의 단계에서 참신한 인식을 맛보게 한다는 점에 있다.

이런 신선한 인식은 여러 수필의 결말 단계에서 삶에 대한 성찰로 연결되어 수필의 눈맛을 더한다. 삶에 대한 고도의 세련된 지적 통찰은 이은희 수필의 핵이다. 디지로그 풍경 속에 핀 노마디즘 미학을 구축한 수필 〈맥놀이〉에 수놓아진 '삿된 기운', 목어를 통해 소통의 중요성을 역설하고 있는 수필 〈물고기 날다〉의 '삿된 생각' 그리고 작은 돌탑을 순정한 간구의 상징으로 본 〈난쟁이 탑〉에서의 '삿된 마음' 이란 문구를 통해 우리는 이은희 작가가 얼마나 경건한 삶에 대한 열망으로 영혼의 순수를 지켜내려고 노력하고 있는가를 엿볼 수 있다.

2. 형식과 예술적 구조

오스본은 형식미는 예술에 필요한 조건이며, 그 조건 없이 구조된 것은 감각적 탁월성, 즉 미학성을 가질 수 없다고 하였다. 미학적 의미에서 균형이란, 부분들을 모두 합한 것을 물론 의미하기도 하지만 각 부분들에서 나타나는 한 전체로서의 구성도 동시에 의미한다. 이은희 수필의 유기적 전체는 불연속적 부분의 총화가 아니며, 부분은 그 특수한 전체 속에 의존되어 존립한다. 부분은 전체에 의해서 결정되는 것이다. 이것이야말로 우리가 그 이은희 수필을 하나의 예술수필이라 부르는 까닭이다. 모든 예술적 작품은 매우 복잡한 것이어서 좋은 작품은 높은 통일성을 지녀야 한다. 다행스럽게도 이은희의 수필 1부 11편, 2부 10편, 3부 6편, 4부 3편은 모두 복합적 통일성이라는 형식적 성질을 공유하고 있다. 따라서 반대의 이유가 없는 한 이 수필선집이 가지고 있는 성질은 미학성의 징표가 될 수 있다. 왜냐하면 수필의 문학성은 글의 구조에 의해 현실화되는 것이기 때문이다.

구성상의 참신함 역시 이은희 수필의 큰 강점이다. 작가가 내용과 사건을 어떻게 서술하느냐에 따라 독자의 감동을 극대화할 수 있을 것이다. 시간의 배열을 거꾸로 한다거나 시간과 공간을 병행한다거나 체험과 인식을 교차시킨다거나 두 개의 체험을 함께 엮는다거나 하는 다양한 변주들을 작가는 거의 모든 수필에서 시도한다. 문학의 아름다움은 탄탄한 구성에서 나옴을 알고 있음이다. 탄력성에의 질주다. 인생에 대한 깊고 담담한 관조와 거리를 두고 물끄러미 바라보는 조망, 마음을 차분히 가라 앉혀주는 위안과 인간의 정신을 고원한 곳으로 이끌어주는 깊이, 인생을 보는 작가의 세련된 성찰과 정연한 논리는 그녀의 탁월한 구성 미학에 힘입어 비장한 손맛을 풍긴다. 〈괘릉〉, 〈로꾸거 로꾸거〉, 〈생각이 돌다〉, 〈버선코〉, 〈무〉 등의 수상작들은 구성적 측면에서 매우 돋보이는 작품이다.

〈괘릉〉은 지각의 자동화로부터 대상을 해방시키는 참신한 시도가 빛난다. 〈괘릉〉의 구성은 '능 주인 왈' - '나그네 왈' 두 부분으로 나누어지고 '나그네 왈' 부분은 다시 나그네의 말 - 경주 소나무 - 무인석 - 사자석 - 12지신석 - 결미로 짜여진 이중구조를 보이고 있다. '능 주인 왈' 부분에서는 능 주인이 화자가 되어 자신이 누군지 관심이 부족한 후세인들에게 노여움을 토로한다. 이어지는 '나그네 왈' 부분에서는 능 주인의 말을 감지한 나그네가 능 주인의 조언대로 괘릉을 에워싸고 있는 풍경과 수호사자인 무인석과 지신석을 살펴보고 그 감흥을 표현한다. 그 외에도 작가의 구성상의 노력을 한 가지 더 찾아볼 수 있다. 처음과 끝을 의도적으로 문단 형식을 무시한 다섯 줄의 짧은 문장으로 배치하여 구성상의 수미상관을 이룬 것이다. '답답하다. 왜 내가 누구인지 밝히지 못하는가?', '능 주인이여, 넘 서운히 생각마소.' 선인과 후세인의 문답이 재미있다. 〈쾌릉〉은 이런 인상적인 구성을 도모하면서도 전체적인 통일성과 강조성을 획득하였기에 주제와 구성이 잘 매치된 좋은 작품이 되었다.

한편, 〈로꾸거 로꾸거〉는 〈페타이어〉처럼 전달차단성을 통해 독자의 사물 인지 시간을 지연시키는 전략으로 독자가 상실한 신선한 감각을 회복시키고 있어서 성공한 작품이다. 발견을 통한 참신한 인식도 돋보이고, 〈쾌릉〉처럼 구성에 있어 새로운 시도도 눈길을 끈다. 올해의 사자성어로 발표된 '곰문운공'의 글자 모양을 보고 작가는 곰을 거꾸로 하면 문이 되고, 운을 거꾸로 하면 공이 된다는 것을 발견한다. 각 글자에 대한 치밀한 의미화를 이룬 다음 작가는 그것을 종합하여 결미에 도달한다. 이는 작가의 '다시 보기', '새로 보기'라는 발견에의 천착이 없었다면, 생성이 불가능한 작품이다. 소재를 쫓는 작가의 눈이 얼마나 중요한가를 보여주는 전형적인 '낯설게 하기'의 대표작이다.

'로꾸거 로꾸거' 라는 노래가사가 이 경우에 적합한 표현임을 찾아낸 것도 또 그것을 제목으로 내세운 것도 매우 효과적이었다. 곰문운공 - 곰 → 문 - 운 → 공의 구성으로 글을 전개해 나간 것도 거꾸로 하면 같은 글자가 됨을 알아낸 발견에 힘입은 새로운 구성형태였다. 종합-분석의 구성 형태를 취함으로써 위에 제시된 이 작품의 결미처럼 작가는 보다 수월하게 정리된 자기 성찰로 나아간다. 익숙한 것을 낯설게 보려는 끈질긴 시선과 보이지 않는 것도 꼭 보고야말겠다는 의지가 돋보이고, 중심 사상을 새롭게 보기를 통해 구체화시키는 단락 구성이 눈길을 끈다. 문학은 형상과 인식의 복합체다. 전략화된 수필문장 구성의 원리를 통해 보이지 않는 관념을 구체적으로 감각화하는 기법은 이은희의 문학적 기량을 말해준다.

이은희의 한국적 수필은 높은 사유의 밀도를 보여주는 작품이다. 이은희의 삶은 곧 수필이고, 그녀의 수필은 곧 그녀의 삶이라는 걸 보여준다. 그녀가 화두로 삼고 있는 네오필리아적 가치는 자신이 걸어온 삶을 압축하는 단축키로서 자신의 인생관을 나타내기 때문이다. 그녀에게 있어서 수필 쓰기란 성능이 우수한 카메라에 포착된 풍경이다. 그냥 풍경이 아니라 그것이 개성적인 눈으로 파악되어 형상화 과정을 거치면 절경이 된다는 데서 이은희 수필의 남다른 매력을 찾을 수 있다. 한마디로 유추적 도식 확장이라는 인지시스템을 활용하여 인식과 사유가 빚어낸 결정체로서 그녀의 작품은 생의 밑바닥을 맑고 깨끗이 닦으며 작품의 내포를 깊게 넓히려는 야무진 삶의 자세가 투영되어 있어 감동적이다. 그녀의 수필 쓰기는 프리즘적인 렌즈로 포착해내는 미적 작업이라는 데서 남다르다. 문학적 형식이라는 구조와 관계 속에서 수필의 소재가 되는 개개의 일상들을 인식하지 않고, 생활인의 시각으로 보면, 어떤 공통분모를 지니고 있어 사물이나 현상은 누구에게나 익숙한 것이 된다. 이 친숙한 일상에 문학성을 주기 위해서 작가는 언제나 망원경적 눈이나 현미경적 눈, 프리즘적인 눈을 통해 '낯설게 봐야 한다'라는 명제와 만난다.

다시 말해 친숙한 일상이 이은희의 렌즈에 닿으면, 문학적 해석이라는 여과 장치를 거쳐 짙은 농도를 가진 의미체로 전환된다는 것이다. 바로 삶을 관조하는 감성적 사유에의 천착이 그 농도를 짙게 하는 핵심요인이라 하겠다. 삶의 본질에 대한 신화적, 언어공학적 접근은 그녀의 수필세계에 철학적 옷을 입히고 있다. 사람들이 좋은 것을 선호하는 경향성이 있다는 데 착안하여 일상적 발화의 문법들과 냉전하면서 생기는 긴장감을 수필적 언어로 풀어낸 데 주목하는 것이 이은희 수필을 맛있게 감상하는 법이다. 이 선집의 수필은 삶의 원리를 낯설게 보기 형식으로 풀어낸 까닭으로 강한 공감과 울림을 준다. 그녀의 이러한 사유는 인간의 인지 시스템에 대한 정확한 이해에서 나온다. 문학언어의 감탄은 비유와 유추라는 인지과정에서 나온다. 이 선집에 실린 수필들은 하나같이 조금이라도 평상시와 다른 친숙하지 않은 사물들에 주목한다는 인지시스템의 원리 하에서 창작되었다는 데서 남다르다 하겠다. 이은희의 수필은 어떻게 언어라는 구조물을 낯설게 해서 인지 과정에 활력을 줄 수 있는가에 천착한 결과다. 그녀의 작품이 새롭고 튼실한 구조를 가지는 것은 유추적 도식 확장이라는 문학언어의 메카니즘의 구축에 대한 작가의 견고한 이해 때문이라고 하겠다.

III. 닫으며

수필은 작가의 분신이다. 자신의 체험을 변형과 보수작업을 통해 형상화하고 구조화의 원리에 따라 산뜻하게 단장하여 세상에 내보내는 것이다. 이은희는 자신의 수필을 내용적인 면에서나 표현적인 면에서나 세심하고 철저하게 다듬는 작가이다. 다양한 각도에서 이은희 수필을 분석할 수 있겠지만, 본고에서는 발견과 구성의 참신성, 한국미의 깊이 있는 성찰에 대해서만 다루었다. 이은희 수필선집《전설의 벽》을 한마디로 나타낸다면, 인식과 형상 미학이 빚어낸 예술수필이라 하겠다. 현란한 색채로 나타나는 허욕의 삶이 아니라 자신을 드러내지 않은 순백색처럼 겸허한 삶을 그려낸 한 편의 멋진 벽화다. 한국의 전통적 제재를 다룬 〈버선코〉, 〈맥놀이〉, 〈난쟁이 탑〉 등의 작품은 정말 감동적이다. 이은희가 혼신의 힘으로 그려낸 한국적 수필은 한국 현대수필의 거대한 기념품이 아닐 수 없다.

그녀의 의식세계는 깊고 웅숭하다. 이은희는 외양이 화려하거나 미끈한 수필보다는 울퉁불퉁하지만 앞품이 넉넉한 나무를 닮은 수필을 쓰며 살아갈 것이기에, 앞으로《전설의 벽》

보다 더 좋은 수필집으로 중부권을 대표하는 수필가로서 한국수필을 빛낼 것으로 믿어 의심치 않는다. 그녀는 올해 다섯 번째 수필집《결》의 출간을 준비하고 있다. 이 수필집에 거는 기대가 큰 것은 그녀가 늘 수필에 순정을 바치는 사람이기 때문이다. 필마의 기운으로 낙타처럼 터벅터벅 본격수필을 향해 걸어가는 모습이 어찌 아름답다 하지 않으랴. '밥 먹는 일에만 쫓겨 종종대며 살았다는 말을 남기고 싶지 않다' 라는 작가의 각오에서 문학성의 고지를 향한 그녀의 결연한 자세가 보인다. 이제 평자는 지각의 자동화로부터 대상을 해방시키는 그녀의 창조어법에 힘입어 생활 속에 살면서 상실한 나의 신선한 감각능력이 회복되기를 바랄 뿐이다. 우리 것의 발견 속에 참된 작가정신이 존재하고 있다는 메시지가 잔잔한 감동을 우리에게 전해준다.

연보 ──

1967년 충북 청주시 상당구 금천동에서 아버지 이수행과 어머니 이정원 사이에서 1남 6녀 중 중 맏이로 태어나다. 1991년 강영일과 결혼하여 슬하에 1남 1녀를 두고 있다.
현재, 시어머니 이순덕을 모시고 충북 청주시 흥덕구 산남로 23, 112동 602호 (계룡리슈빌아파트 112동 602호)에 거주하다.

〈학력〉
2001년 충북대학교 경영대학원 경영학 석사 취득.
2009년 경희사이버대학교 미디어문예창작학과 졸업.
2009년 경희사이버대학교 문예지도사 자격증 취득.
2009년 제7기 국립청주박물관 연구과정 수료.

〈문단 경력〉
2004년 월간문학 등단.
2008년 ~ 2010년 청주문인협회 편집위원 역임.
2008년 ~ 2011년 중부매일 신문 '에세이뜨락' 연재.
2010년 ~ 2013년 계간 《에세이포레》 편집위원 역임.
2011년 ~ 현재 충북수필문학회 주간 활동 중.
2012년 ~ 현재 충북일보 신문 '에세이뜨락' 연재 중.

| 연보

2014년 ~ 현재 계간《에세이포레》편집장.
　　현재 한국문인협회, 에세이포레문학회, 청주문인협회,
　　충북수필문학회, 충북여성문학회 회원으로 활동.
1985년 ~ 현재 (주)대원 상무이사 재직 중.

〈저서〉

2005년 4월 수필집《검댕이》(수필과비평사).
2007년 4월 수필집《망새》(수필과비평사).
2009년 8월 삽화가 있는 수필집《버선코》(수필과비평사).
2011년 8월 사진이 있는 수필집《생각이 돋다》(수필과비평사).
2013년 2월 에세이뜨락 수필 동인회 공저《에세이뜨락》.
2014년 4월 사진이 있는 수필집《결》(수필과비평사).

〈수상 실적 및 작품 활동〉

2003년 제1회 무심천사랑백일장 은상, 주최 충청일보사, 수상작 〈무심천을 사랑합시다〉.
2003년 제15회 전국소년소녀가장생활수기독후감공모전 금상, 주최 한국복지재단, 〈가슴을 열어 따스한 마음으로〉수상집 출간.
2003년 전국가족사랑실천공모전 차상, 주최 신한은행카드사, 수상

연보

작 〈행복스케줄〉.

2004년 제25회 근로자문화예술제 입상, 주최 근로복지공단, 수상작 〈박새의 모정〉, 수상작품집 출간.

2004년 제3회 전국독도사랑글짓기공모전 최우수상, 부상으로 완도와 독도 탐방.

2004년 제7회 동서커피문학상 대상, 주관 한국문인협회 및 동서커피문학상 운영위원회, 응모작 17,168편 전 부문 대상 수상, 수상작 〈검댕이〉, 부상으로 월간문학 등단 및 상금 오백만 원 수여.

2004년 제7회 동서커피문학상 수상 작품집《검댕이》출간 (이은희 외 지음, 21세기문학).

2004년 12월호《월간문학》등단, 작품 〈검댕이〉, 심사평 및 수상소감.

2005년 4월 수필집《검댕이》(수필과비평사) 출간.

2006년 2006년을 대표하는《문제수필》(한국비평문학회)에 〈전설의 벽〉.

2006년《수필과비평》3·4월호(제82호)에 '다시 읽는 문제작'에 〈망새〉.

2007년 4월 수필집《망새》(수필과 비평사) 출간, 충북개발공사 문예창작지원금 수혜.

2007년《망새》로 제13회 제물포수필문학상 수상.

| 연보

2008년 《수필세계》 가을(제18호) '우리시대의 수필작가 집중조명'에 작품 〈버선코〉〈괘릉〉〈은어〉〈몸시〉〈등대지기〉〈문학자전〉, 한상렬 평설.

2009년 한국의 대표적인 수필가 87인이 내놓은 《나의 대표작》(수필과비평사)에 작품 〈검댕이〉.

2009년 《수필세계》 여름(제21호) '수필세계가 주목하는 작가들'에 작품 〈망새〉.

2009년 8월 전국물맑히기글짓기공모전 금상, 수상작 〈물은 모든 만물의 생명이다〉

2009년 8월 삽화가 있는 수필집 《버선코》(수필과비평사) 출간.

2010년 《수필과 비평》 5·6월호 '다시 읽는 문제작 선정'에 작품 〈로꾸거 로꾸거〉.

2010년 제17회 충북수필문학상 수상. 주최 충북수필문학회, 수상작 〈버선코〉〈등대지기〉.

2010년 《수필과 비평》 11·12월호 '다시 읽는 문제작'에 작품 〈생각이 돌다〉.

2011년 8월 사진이 있는 수필집 《생각이 돌다》(수필과비평사), 충청북도문화예술기금 수혜.

2011년 제2회 헤르만헷세문학상 대상, 주최 《문예춘추》, 수상집 《생

| 연보

각이 돌다》, 충남 보령군에 문학비 세우다.

2011년 《현대수필》 가을호(제80호) '다시 읽는 실험수필'에 작품 〈로꾸거 로꾸거〉.

2011년 《푸른 솔 문학》(제9호) '나의 대표작'에 작품 〈검댕이〉〈망새〉〈버선코〉〈생각이 돌다〉.

2011년 제2회 전국경북문화체험공모전 입선, 주최 대구일보, 수상작 〈석등〉.

2012년 제17회 신곡문학상본상 수상, 주최 수필과비평사, 수상집 《생각이 돌다》.

2012년 계간 《에세이포레》 겨울호 '앞서가는 수필'에 작품 〈노라 조〉.

2013년 《오늘의 한국 대표 수필 100인선》(문학관)에 작품 〈검댕이〉.

2013년 비평가가 뽑은 《2013년 한국의 좋은 수필》(서정시학)에 작품 〈무〉 선정.

2013년 2013년 국립청주박물관사진공모전 금상, 작품 〈염원〉.

2013년 제8회 충북여성문학상 수상, 주최 동양일보사와 뒷목문학회, 수상작 〈무〉, 황금촉펜 수여

2013년 제4회 민들레수필문학상 본상 수상, 주최 계간《에세이문예》, 수상집 《생각이 돌다》

2014년 《한국현대수필 75인선》(선수필)에 작품 〈결〉.

2014년 4월 사진이 있는 수필집 《결》(수필과비평사) 출간. 충북문화예술 육성지원금 수혜.